ZWEI IN DER KÜCHE

Annalena Bokmeier

Zwei in der Küche

Das Kochbuch für glückliche Paare

Hölker Verlag

INHALT

Vorwort
6

Frühstück und Brunch
10

Entspannter Kaffeeklatsch
40

Gemütlicher Feierabend
70

Romantisches Dinner
102

Genießen mit Familie und Freunden
136

Register
170

Autorin
174

Vorwort

Es ist eine alte Binsenweisheit, dass die Liebe durch den Magen geht. So kann ein romantisches Dinner zu zweit der Anfang einer neuen Beziehung sein. Für frisch Verliebte und auch in langjährigen Partnerschaften gilt ein am Bett serviertes Frühstück als Liebesbeweis. Ein besonderes Abendessen für Familie oder Freunde zu kochen, zeugt ebenfalls von gegenseitiger Wertschätzung und macht – wenn alle mitanpacken – am meisten Spaß.

Dabei zählt nicht nur das gemeinsame Schnippeln, Kneten und Brutzeln, sondern vor allem der gemeinsame Genuss. Denn was schmeckt besser als der letzte Löffel Mousse au Chocolat, den der Liebste für einen übrig lässt, oder eine Tarte, die sich Freunde bei einem guten Glas Wein teilen?

Dieses Buch soll euch kulinarische Inspirationen für ein perfektes Sonntagsfrühstück, einen gemütlichen Kaffeeklatsch und einen entspannten Fernsehabend bieten. Außerdem findet ihr vielfältige Ideen für ein romantisches Dinner oder ein Essen mit Familie und Freunden.

Ich wünsche euch viel Spaß beim Ausprobieren der Rezepte! Und eines ist sicher – mit viel Liebe zubereitet und in guter Gesellschaft verspeist, kann es eigentlich nur köstlich werden.

Eure Annalena

FRÜHSTÜCK
und Brunch

Für einen perfekten Morgen braucht es vor allem zwei Dinge: den Lieblingsmenschen an der Seite und ein gutes Frühstück im Bauch. So kann der Tag beginnen, ob in aller Frühe oder ganz entspannt am späten Vormittag.

GRANOLA-BOWL
mit Rhabarber-Tonka-Kompott

Im besten Falle hat man von diesem Granola immer ein großes Glas auf Vorrat zu Hause! Luftdicht verpackt hält es sich mindestens 4 Wochen. Egal, ob schnell mit Milch aufgegossen oder wie hier mit Joghurt und Kompott serviert – ein guter Start in den Tag ist damit gesichert.

FÜR DAS GRANOLA:
150 g kernige Haferflocken
100 g zarte Haferflocken
25 g gepuffte Quinoa
50 g gepuffter Dinkel
75 g Nusskernmischung
50 g Kokoschips
1 Prise Salz
80 g Kokosöl
1 TL Vanillepaste
120 g Ahornsirup

FÜR DAS KOMPOTT:
200 g Rhabarber
100 g Erdbeeren
3 EL brauner Zucker
1 EL Zitronensaft
1 Msp. geriebene Tonkabohne

AUSSERDEM:
50 g Erdbeeren
300 g Naturjoghurt

Den Backofen auf 180 °C vorheizen. Ein Backblech mit Backpapier auslegen.

Für das Granola alle trockenen Zutaten in einer großen Schüssel mischen. Kokosöl in einem kleinen Topf schmelzen. Dann zusammen mit der Vanillepaste und dem Ahornsirup zu den trockenen Zutaten geben. Alles gut vermengen und auf das Backblech geben. Das Granola im vorgeheizten Ofen 15–20 Minuten backen. Nach der Hälfte der Zeit einmal durchmischen, anschließend aus dem Ofen holen und vollständig auskühlen lassen.

Für das Kompott den Rhabarber waschen, dicke Stiele eventuell schälen. Von den Erdbeeren das Grün entfernen. Beides in Stücke schneiden. Rhabarber, Erdbeeren, Zucker, Zitronensaft, Tonkabohne und 3 EL Wasser in einen Topf geben. Unter Rühren einmal aufkochen. Dann bei mittlerer Hitze rund 10 Minuten köcheln lassen, bis der Rhabarber weich und das Kompott eingedickt ist.

Zum Servieren die übrigen Erdbeeren waschen und in Scheiben schneiden. Den Joghurt auf zwei Schalen verteilen, jeweils mit Kompott, 1 Handvoll Granola und frischen Erdbeeren anrichten.

FRENCH TOAST
mit Himbeeren und Kokos

Das Tränken in Kokosmilch macht diesen French Toast so unfassbar saftig! Die Himbeeren können problemlos gegen Brombeeren, Blaubeeren, Bananen- oder Mangowürfel getauscht werden.

FÜR DEN FRENCH TOAST:
150 ml Kokosmilch
1 Ei (Gr. L)
½ TL Vanillepaste
25 g Zucker
2 EL Kokosraspel
4 dicke Scheiben Buttertoast oder Brioche
ca. 30 g Butter zum Ausbacken

AUSSERDEM:
100 g Himbeeren
20 g Kokoschips
2 EL griechischer Joghurt
Ahornsirup zum Beträufeln

Kokosmilch, Ei, Vanillepaste, Zucker und 1 EL Kokosraspel in einem tiefen Teller verquirlen. Die Toastscheiben in der Mischung wenden, sodass sie sich vollsaugen können. Mit den übrigen Kokosraspeln bestreuen.

Etwas Butter in einer großen Pfanne erhitzen und die French Toasts darin bei mittlerer Hitze goldgelb ausbacken.

Währenddessen die Himbeeren waschen und verlesen. Die Kokoschips in einer Pfanne ohne Fett kurz anrösten.

Je 2 Scheiben French Toast mit 1 EL Joghurt, Himbeeren und Kokoschips auf einem Teller anrichten. Mit Ahornsirup beträufeln.

Seid verliebt und ihr werdet glücklich sein.

PAUL GAUGUIN

Chocolate Chip PANCAKES

Ein Stapel dieser fluffigen Pancakes mit Schokosoße kommt einem echten Liebesbeweis gleich – denn es kostet schon ein wenig Überwindung, das kuschlige Bett fürs Schokolade-Schmelzen, Eier-Trennen und Pancakes-Wenden zu verlassen … Doch das Ergebnis ist es allemal wert!

FÜR 8–10 STÜCK

FÜR DIE SCHOKOSOSSE:
75 g Zartbitterschokolade
35 g Zucker
100 ml Sahne
1 EL ungesüßtes Kakaopulver

FÜR DIE PANCAKES:
1 Ei (Gr. M)
1 Prise Salz
175 ml Milch
25 g Zucker
1 Pck. Vanillezucker
150 g Weizenmehl (Type 405)
1 TL Backpulver
50 g Schokotröpfchen

AUSSERDEM:
Butter zum Ausbacken
2 EL Schokotröpfchen zum Servieren
Puderzucker zum Bestäuben

Für die Schokosoße die Schokolade hacken. Zucker und Sahne in einem kleinen Topf erhitzen, den Kakao gründlich unterrühren. Vom Herd nehmen und die gehackte Schokolade in der heißen Sahne schmelzen.

Für die Pancakes das Ei trennen. Eiweiß mit 1 Prise Salz steif schlagen. Eigelb mit Milch, Zucker und Vanillezucker verquirlen. Mehl mit Backpulver mischen und nach und nach unter die Eigelb-Milch-Mischung rühren. Dann zuerst den Eischnee, danach die Schokotröpfchen unterheben. Den Backofen auf 80 °C vorheizen.

Etwas Butter in einer Pfanne erhitzen. Je 1 großen EL Teig in die Pfanne geben und bei mittlerer Hitze in 2–3 Minuten pro Seite Pancakes ausbacken. Fertige Pancakes im Backofen warm halten.

Zum Servieren die kleinen Pfannkuchen mit der Schokosoße beträufeln, mit Schokotröpfchen bestreuen und mit Puderzucker bestäuben.

CROQUE MADAME

Ein Spiegelei on top macht aus dem französischen Käsetoast Croque Monsieur eine Madame – unsere Idee, das Ei direkt im Brot auszubacken, gefällt ihr sicherlich gut. Zumindest, solange es sich dabei um dicke Scheiben buttrigen Toastbrots handelt ...

*50 g Gruyère oder
anderer kräftiger Käse
1 EL Butter plus
etwas zum Braten
1 EL Mehl
75 ml Milch
Salz
frisch gemahlener
schwarzer Pfeffer
1 Prise frisch geriebene
Muskatnuss
4 Scheiben Buttertoast oder
Brioche
2 EL Feigensenf
2 Scheiben gekochter Schinken
2 Eier (Größe M)*

Den Backofengrill vorheizen. Für die Käsesoße den Käse fein reiben. 1 EL Butter in einem kleinen Topf schmelzen. Das Mehl einrühren, dann die Milch zugießen und alles zu einer Béchamelsoße aufkochen. Die Hitze reduzieren und die Hälfte des geriebenen Käses unterrühren. Mit Salz, Pfeffer und geriebener Muskatnuss würzen.

2 Scheiben Buttertoast im Toaster oder in einer Pfanne kurz antoasten. Dann mit je 1 EL Feigensenf sowie etwas Käsesoße bestreichen und mit 1 Scheibe gekochtem Schinken belegen. Den übrigen geriebenen Käse darauf verteilen und den Toast im Backofen etwa 5 Minuten grillen, bis der Käse geschmolzen ist.

In der Zwischenzeit aus den beiden übrigen Toastscheiben jeweils einen Kreis ausstechen, z. B. mit einem Glas. Etwas Butter in einer Pfanne zerlassen, die Toastscheiben hineinlegen und je 1 Ei in das Loch in der Mitte aufschlagen. Bei mittlerer Hitze stocken lassen, dabei eventuell mit einem Deckel zudecken. Die ausgestochenen Brotkreise ebenfalls antoasten.

Die Eier-Toasts auf die Käse-Toasts setzen und mit der übrigen Käsesoße sowie den Toastkreisen servieren.

Zweifle an der Sonne Klarheit,
Zweifle an der Sterne Licht,
Zweifl', ob lügen kann die Wahrheit,
Nur an meiner Liebe nicht.

WILLIAM SHAKESPEARE

SAUERTEIGBROT
mit Ricotta und Pilzen

Für dieses Rezept braucht es nur wenige, simple Zutaten – aber die Kombi von frisch gebackenem, gutem Sauerteigbrot, etwas Knoblauch und dem aromatischen Belag macht dieses Frühstück zu einem echten Genuss! Auch noch am späten Vormittag …

150 g gemischte Pilze
(z. B. Champignons und Kräuterseitlinge)
1 Zweig Thymian
1 Knoblauchzehe
4 EL Olivenöl
Salz
frisch gemahlener schwarzer Pfeffer
½ TL Zucker
2 Scheiben Sauerteigbrot
50 g Ricotta
1 Handvoll Babyspinat
2 Spritzer Zitronensaft

Die Pilze putzen, wenn nötig, mit einem Küchentuch abreiben und in Scheiben schneiden. Den Thymian abbrausen und die Blättchen vom Zweig zupfen. Die Knoblauchzehe schälen und halbieren. Eine Hälfte für später beiseitelegen, die andere Hälfte fein hacken.

2 EL Olivenöl bei mittlerer Temperatur in einer Pfanne erhitzen. Den gehackten Knoblauch zufügen und 1 Minute andünsten. Dann die Pilze und Thymianblättchen zugeben und 3–5 Minuten kräftig anbraten. Dabei immer wieder umrühren. Schließlich mit Salz, Pfeffer und Zucker würzen und bei geringer Hitze warm halten.

Die Brotscheiben mit dem übrigen Olivenöl beträufeln und in einer Pfanne kurz anrösten. Von beiden Seiten mit der Schnittseite der halben Knoblauchzehe einreiben. Die Brote mit Ricotta bestreichen und den Spinat sowie die Pilze darauf verteilen. Mit je 1 Spritzer Zitronensaft beträufeln und sofort servieren.

GRÜNE SHAKSHUKA

Die Shakshuka hat es aus Israel in die ganze Welt geschafft – die pochierten Eier in Tomatensoße kennt man inzwischen überall. Ob diese grüne Variante mit Spinat und Ziegenkäse eine ebenso steile Karriere hinlegen wird? Mit knusprigem Brot und frischen Kräutern serviert, hätte sie auf jeden Fall beste Voraussetzungen.

3 Frühlingszwiebeln
1 Knoblauchzehe
1 grüne Paprikaschote
150 g Babyspinat
2 EL Olivenöl
75 g Ziegenfrischkäse
75 ml Sahne
½ TL gemahlener Kreuzkümmel
¼ TL frisch geriebene Muskatnuss
1 Msp. getrockneter Koriander
Salz
frisch gemahlener schwarzer Pfeffer
1 Spritzer Zitronensaft
2 Eier (Größe L)
2 Stängel Petersilie
2 Stängel Dill
Chiliflocken

Die Frühlingszwiebeln putzen. Die grünen Teile in Ringe schneiden und für später beiseitestellen. Die hellen Teile der Stangen der Länge nach halbieren und längs in feine Streifen schneiden. Den Knoblauch schälen und fein hacken. Die Paprika waschen, halbieren, von Kernen und Stiel befreien und in dünne Streifen schneiden. Den Spinat waschen und gründlich trocken tupfen.

Das Olivenöl in einer Pfanne erhitzen. Frühlingszwiebelstreifen, Knoblauch und Paprika zugeben. Bei mittlerer Hitze 3–5 Minuten andünsten. Ziegenfrischkäse und Sahne zugeben und alles einmal aufkochen lassen. Dann die Hitze reduzieren, den Spinat zugeben und kurz mitgaren, bis er zusammengefallen ist. Mit Kreuzkümmel, Muskat, Koriander, Salz und Pfeffer würzen. Den Zitronensaft zugeben.

Mit einem Löffel zwei Mulden in den Spinat drücken und jeweils 1 Ei hineinschlagen. Die Pfanne mit einem Deckel verschließen und die Shakshuka etwa 8 Minuten garen, bis das Eiweiß gestockt ist. Das Eigelb sollte noch flüssig sein.

Petersilie und Dill abbrausen, trocken tupfen und die Blättchen von den Stängeln zupfen. Zusammen mit den beiseitegelegten Frühlingszwiebelringen und einigen Chiliflocken über die Shakshuka streuen.

Du versüßt mir alle meine gezählten Tage.

OVERNIGHT OATS
in drei Varianten

Wie früh der Wecker auch klingeln mag – diese Overnight Oats warten im Kühlschrank schon auf ihren Einsatz als echtes Power-Frühstück. Das Grundrezept lässt sich dabei nach Lust, Laune und vorhandener Zeit ausbauen.

GRUNDREZEPT:
150 g kernige Haferflocken
1 TL Chiasamen
250 ml (pflanzliche) Milch
150 g Naturjoghurt
etwas Vanillepulver oder
gemahlener Zimt

FÜR DIE KOKOS-OATS:
1 kleine reife Mango
150 g Kokosjoghurt
1 EL Kokosraspel
2 EL Agavendicksaft
25 g Kokoschips

FÜR DIE HIMBEER-
PASSIONSFRUCHT-OATS:
200 g Himbeeren
(frisch oder TK)
2 EL Himbeerkonfitüre
2 Passionsfrüchte
1 EL gehackte Pistazienkerne
1 EL Honig

FÜR DIE BANANEN-
ERDNUSS-OATS:
1 reife Banane
2 EL ungesüßtes Kakaopulver
50 g Erdnüsse
35 g Erdnussmus
3 EL Ahornsirup
150 g Naturjoghurt
2 EL Kakaonibs

Alle Zutaten verrühren und über Nacht im Kühlschrank quellen lassen.

Die Mango schälen und die eine Hälfte in sehr feine Stücke schneiden. Mit Kokosjoghurt, Kokosraspeln und Agavendicksaft verrühren. Abwechselnd mit den Overnight-Oats in zwei Gläser schichten. Die restliche Mango grob würfeln. Kokoschips in einer Pfanne ohne Fett kurz anrösten. Beides als Topping auf den Overnight-Oats verteilen.

100 g Himbeeren mit der Himbeerkonfitüre mischen und mit einer Gabel etwas zerdrücken. Das Fruchtfleisch der Passionsfrüchte mit einem Löffel herauslösen.

⅓ der Overnight-Oats auf zwei Gläser verteilen. Abwechselnd Himbeerkompott, ⅓ Overnight-Oats, Passionsfruchtmark und übrige Overnight-Oats in die Gläser schichten. Mit den restlichen Himbeeren, den gehackten Pistazien und dem Honig toppen.

Die Hälfte der Banane mit einer Gabel fein zerdrücken. Zusammen mit dem Kakao unter die Overnight-Oats rühren. Die übrige Banane in Scheiben schneiden. Die Erdnüsse grob hacken. Die Hälfte der Erdnüsse mit 1 EL Erdnussmus, 2 EL Ahornsirup und Naturjoghurt mischen. Je 1 EL Overnight-Oats in zwei Gläser geben. Einige Bananenscheiben von innen an den Glasrand lehnen, dann die übrigen Overnight-Oats einfüllen. Mit dem Erdnussjoghurt bedecken. Restliche Bananenscheiben und Erdnüsse, übriges Erdnussmus, den letzten EL Ahornsirup sowie die Kakaonibs als Topping darauf verteilen.

Greek-Style-OMELETT

Frühstück in Athen? Kein Problem mit diesem griechisch angehauchten Omelett. Seine perfekte Konsistenz verdankt es einer Kombination aus geringer Hitze, sachter Bewegung und etwas Muße. Geht aber allemal schneller, als in den Flieger nach Griechenland zu steigen.

2 Tomaten
50 g Oliven (entsteint)
1 Frühlingszwiebel
4 Eier (Größe M)
1 Msp. frisch geriebene Muskatnuss
½ TL getrockneter Oregano
Salz
frisch gemahlener schwarzer Pfeffer
2 TL Butter
75 g Feta
2 EL Schnittlauchröllchen
4 grüne Peperoni (Glas)

Die Tomaten halbieren, vom Stielansatz befreien und in Würfel schneiden. Die Oliven halbieren. Frühlingszwiebel putzen und in Ringe schneiden. Die Eier mit Muskatnuss, Oregano, Salz und Pfeffer verquirlen.

1 TL Butter in einer beschichteten Pfanne erhitzen. Die Hitze reduzieren und die Hälfte der Eimasse hineingießen. Während der ersten 10–15 Sekunden mit einem Pfannenwender sachte durch die Eimasse fahren, um sie etwas zu bewegen. Dann das Omelett bei niedriger Temperatur stocken lassen. Sobald das Ei nicht mehr flüssig, die Oberfläche aber noch feucht ist, die Hälfte des Fetas darüberbröseln. Die Hälfte der Schnittlauchröllchen, Tomaten, Oliven und 2 Peperoni auf der einen Omeletthälfte verteilen. Die andere, unbelegte Omelettseite darüberklappen. Vorsichtig auf einen Teller schieben und mit dem zweiten Omelett ebenso verfahren.

FRÜHSTÜCK UND BRUNCH

Nie eine andre kann mein Herz besitzen

Guten Morgen am 7. Juli.

Schon im Bette drangen sich die Ideen zu Dir, meine Unsterbliche Geliebte, hier und da freudig, dann wieder traurig, vom Schicksale abwartend, ob es uns erhört – leben kann ich entweder nur ganz mit Dir oder gar nicht, ja, ich habe beschlossen, in der Ferne so lange herumzuirren, bis ich in Deine Arme fliegen kann und mich ganz heimatlich bei Dir nennen kann, meine Seele von Dir umgeben ins Reich der Geister schicken kann – ja leider muss es sein, Du wirst Dich fassen umso mehr, da Du meine Treue gegen Dich kennst, nie eine andre kann mein Herz besitzen, nie – nie – o Gott, warum sich entfernen müssen, was man so liebt, und doch ist mein Leben in W., so wie jetzt, ein kümmerliches Leben. – Deine Liebe macht mich zum Glücklichsten und Unglücklichsten zugleich – in meinen Jahren jetzt bedürfte ich einiger Einförmigkeit, Gleichheit des Lebens – kann diese bei unserm Verhältnisse bestehn? – Engel, eben erfahre ich, dass die Post alle Tage abgeht – und ich muss daher schließen, damit Du den B. gleich erhältst – sei ruhig, nur durch ruhiges Beschauen unsres Daseins können wir unsern Zweck, zusammen zu leben, erreichen – sei ruhig – liebe mich – heute – gestern – welche Sehnsucht mit Tränen nach Dir – Dir – Dir, mein Leben – mein Alles – leb wohl – o liebe mich fort. – Verkenne nie das treuste Herz Deines Geliebten

ewig Dein
ewig mein
ewig uns.

LUDWIG VAN BEETHOVEN AN EINE UNBEKANNTE, 1812

Das perfekte
FRÜHSTÜCK IM BETT

Am Wochenende zum Frühstücken ins Café? Oder vielleicht doch lieber einfach im Bett bleiben? Ja – das leckerste Frühstück wird nämlich dort serviert! Einer muss allerdings das Bett verlassen, um die Brötchen aus dem Ofen zu holen ...

SCHNELLE DINKELBRÖTCHEN MIT APRIKOSENKONFITÜRE ODER LACHS

FÜR DIE BRÖTCHEN:
200 g Dinkelmehl (Type 630)
1 ½ TL Backpulver
1 TL Salz
50 g zarte Haferflocken
1 Ei (Gr. M)
250 g Quark
4 EL Sonnenblumenöl

AUSSERDEM:
ca. 100 g kernige Haferflocken zum Wälzen

FÜR DIE KONFITÜRE:
500 g Aprikosen
½ Orange
½ Vanilleschote
150 g Zucker
1 Msp. gemahlener Kardamom

FÜR LACHS UND AVOCADO:
50 g Frischkäse
1–2 TL Meerrettich (Glas)
Salz
frisch gemahlener schwarzer Pfeffer
1 kleine Avocado
50 g Räucherlachs
2 Stängel Dill
2 Spritzer Zitronensaft

Den Backofen auf 180 °C vorheizen. Ein Backblech mit Backpapier auslegen. Mehl, Backpulver, Salz und zarte Haferflocken in einer großen Schüssel mischen. Ei, Quark sowie Sonnenblumenöl zufügen und alles zu einem glatten Teig verkneten.

Die kernigen Haferflocken in eine Schüssel geben. Den Teig in acht gleich große Stücke teilen, diese zu runden Brötchen formen und in den Haferflocken wälzen. Die Teiglinge auf das vorbereitete Backblech legen und 20–25 Minuten goldgelb backen.

Die Aprikosen halbieren und entsteinen. Die Orange auspressen, den Saft mit den Aprikosen in einen Topf geben. Abgedeckt 3 Minuten köcheln lassen, bis die Aprikosen weich sind.

Die Vanilleschote längs halbieren und das Mark herauskratzen. Schote und Mark zusammen mit dem Zucker und Kardamom zu den Aprikosen geben. Bei mittlerer Hitze etwa 45 Minuten köcheln lassen, bis die Früchte zerfallen sind und die Flüssigkeit beginnt einzudicken. Die Vanilleschote entfernen. Die Konfitüre in ein sauberes Schraubglas füllen und zu den Brötchen servieren. Das, was beim Frühstück nicht verputzt wird, im Kühlschrank aufbewahren.

Frischkäse mit Meerrettich verrühren, mit Salz und Pfeffer würzen. Die Avocado halbieren, entsteinen und das Fruchtfleisch im Ganzen mit einem Löffel aus der Schale lösen. Die Avocadohälften mit der Schnittfläche nach unten auf ein Schneidebrett legen und schräg in sehr feine Scheiben schneiden. Die Scheiben vorsichtig auseinanderfächern, zu einem Halbkreis formen und dann sorgfältig spiralförmig aufrollen, sodass eine Avocado-Rose entsteht.

Die Brötchenhälften mit Frischkäse bestreichen, mit Räucherlachs, Avocado und Dill garnieren und mit etwas Zitronensaft beträufeln.

GEFÜLLTE CROISSANTS

*½ Bund gemischte Kräuter
(z. B. Petersilie, Dill,
Schnittlauch)
15 g Parmesan
150 g bunte Kirschtomaten
4 Eier (Größe M)
1 EL Butter
frisch gemahlener
schwarzer Pfeffer
2 Laugencroissants
2 EL Frischkäse
Meersalz*

Die Kräuter abbrausen, die Blättchen von den Stängeln zupfen und die Hälfte davon fein hacken. Den Parmesan reiben. Die Kirschtomaten je nach Größe halbieren oder vierteln. Die Eier mit den fein gehackten Kräutern verquirlen, mit Pfeffer würzen.

Die Butter in einer beschichteten Pfanne zerlassen. Die Eiermischung in die Pfanne geben, die Hitze reduzieren und den geriebenen Parmesan darüberstreuen. Die Hälfte der Tomaten ebenfalls in die Pfanne geben. Das Rührei bei mittlerer Hitze unter gelegentlichem Rühren stocken lassen.

Die Croissants aufschneiden und mit Frischkäse bestreichen. Das Rührei auf den Croissants verteilen, leicht salzen und mit den restlichen Tomaten und Kräutern garnieren.

GEGRILLTER PFIRSICH MIT JOGHURT UND SESAMCRUNCH

FÜR DIE PFIRSICHE:
*2 reife Pfirsiche
2 EL Honig
½ TL gemahlener Zimt*

FÜR DEN CRUNCH:
*1 TL Kokosöl
2 EL Ahornsirup
25 g Haferflocken
15 g gehackte Pistazienkerne
20 g Sesamsamen
Meersalz*

AUSSERDEM:
*200 g Sahnejoghurt
2 TL Tahin oder Mandelmus*

Den Backofengrill vorheizen. Die Pfirsiche waschen, halbieren und den Stein entfernen. Die Schnittflächen mit einem Messer kreuzweise einritzen, die Früchte mit den Schnittflächen nach oben in eine Auflaufform legen und mit Honig beträufeln. Mit etwas Zimt bestäuben und 7–10 Minuten grillen, bis die Oberfläche schön karamellisiert ist.

In der Zwischenzeit für den Sesamcrunch Kokosöl und Ahornsirup in einer kleinen Pfanne erhitzen, bis sich Blasen bilden. Haferflocken, Pistazien und Sesam zugeben. Unter Rühren karamellisieren. 1 große Prise Meersalz untermischen, dann auf einem Bogen Backpapier verteilen und vollständig auskühlen lassen.

Zum Servieren je 2 Pfirsichhälften in eine Schale legen. Je einen Klecks Sahnejoghurt, Sesamcrunch und Tahin oder Mandelmus darauf verteilen.

ENTSPANNTER
Kaffeeklatsch

So süß die Liebe auch sein mag, manchmal geht doch nichts über ein leckeres Stück Kuchen oder verführerisches Gebäck. Sei es, um Gäste zu verwöhnen, einander zu überraschen oder einfach nur um für ein paar Glückshormone zu sorgen.

ZWETSCHGENCOBBLER

Ein Cobbler besteht aus Obst, das mit einem einfachen Rührteig überbacken und so zur schnellsten Süßspeise aller Zeiten wird. Schmeckt am besten warm aus dem Ofen und in Begleitung von Vanilleeis, Sahne oder Vanillesoße.

FÜR DEN COBBLER:
350 g Zwetschgen
1 EL brauner Zucker
1 TL Speisestärke
1 TL gemahlener Zimt
60 g Butter
100 g Weizenmehl (Type 405)
100 g Zucker
1 ½ TL Backpulver
150 ml Milch
1 Pck. Vanillezucker

AUSSERDEM:
Auflaufform oder ofenfeste Pfanne (Ø 20–22 cm)
Puderzucker zum Bestäuben
2 Kugeln Vanilleeis

Den Backofen auf 180 °C vorheizen. Die Zwetschgen halbieren, entkernen und in Scheiben schneiden. Mit braunem Zucker, Speisestärke und Zimt mischen. Beiseitestellen.

Die Butter in Stücken in eine Auflaufform oder ofenfeste Pfanne (ca. Ø 20–22 cm) geben. Diese in den Backofen stellen, bis die Butter geschmolzen ist. Dann wieder herausnehmen.

In der Zwischenzeit Mehl, Zucker und Backpulver in einer Schüssel mischen. Die Milch nach und nach unter Rühren zugießen. Mit einem Schneebesen verquirlen, bis ein glatter Teig entstanden ist. Den Teig zur Butter in die Form gießen. Die Zwetschgen darauf verteilen und mit dem Vanillezucker bestreuen.

Den Cobbler im vorgeheizten Ofen 25 Minuten backen. Herausnehmen und mit Puderzucker bestäuben. Noch warm mit Vanilleeis servieren.

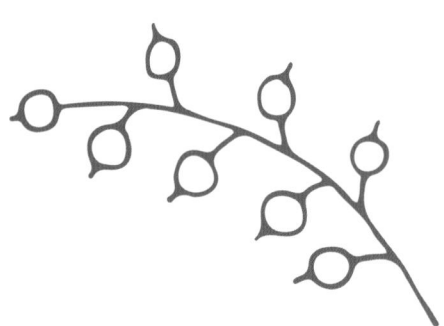

APFELGALETTES
mit Thymian

Für diese Galettes braucht es weder Backform noch Rührgerät. Der Teig wird flott von Hand geknetet und anschließend frei Schnauze ausgerollt. Die Küchlein sind optisch eher rustikal, die Füllung aus Äpfeln und Thymian ist dafür umso feiner.

FÜR 6 STÜCK

FÜR DEN TEIG:
*150 g Weizenmehl (Type 405)
plus etwas für die Arbeitsfläche
50 g gemahlene Haselnüsse
25 g Zucker
1 Prise Salz
110 g kalte Butter, in Stückchen*

FÜR DIE FÜLLUNG:
*500 g Äpfel
Saft von ½ Bio-Zitrone
50 g Zucker
2 Zweige Thymian
½ TL gemahlener Zimt
1 TL Speisestärke*

AUSSERDEM:
*2 EL Milch
2 EL Haselnussblättchen
2 EL brauner Zucker
100 ml Sahne
1 Pck. Vanillezucker
3 Stängel Thymian*

Für den Teig Mehl, gemahlene Haselnüsse, Zucker und Salz in eine Schüssel geben. Die kalte Butter in Stücken und 3 EL kaltes Wasser zufügen. Mit den Händen alles rasch zu einem glatten Teig verkneten. Zu einer Kugel formen, platt drücken und in Frischhaltefolie gewickelt ca. 30 Minuten im Kühlschrank ruhen lassen.

In der Zwischenzeit für die Füllung die Äpfel schälen, vierteln, entkernen und in dünne Scheiben schneiden. In einem kleinen Topf Zitronensaft, 2 EL Wasser, Zucker und Thymianzweige aufkochen. Apfelspalten und Zimt zufügen, ca. 5 Minuten leise köcheln lassen. Die Speisestärke mit 1 EL Wasser glatt rühren, unter Rühren zu den Äpfeln geben, einmal aufkochen und vom Herd nehmen.

Den Backofen auf 200 °C vorheizen. Ein Backblech mit Backpapier auslegen. Den Teig aus dem Kühlschrank nehmen und in sechs gleich große Stücke teilen. Diese auf einer leicht bemehlten Arbeitsfläche jeweils zu einem Kreis mit ca. 10 cm Durchmesser ausrollen. Die Apfelfüllung auf den Teigkreisen verteilen, dabei einen 1 cm breiten Rand frei lassen. Diesen Rand rundherum Richtung Mitte über die Apfelfüllung klappen, dann mit 2 EL Milch bepinseln. Mit den Haselnussblättchen und dem braunen Zucker bestreuen. Die Galettes auf das vorbereitete Backblech legen und im vorgeheizten Ofen ca. 15 Minuten goldgelb backen.

In der Zwischenzeit die Sahne mit dem Vanillezucker steif schlagen. Die Apfelgalettes aus dem Ofen nehmen, kurz abkühlen lassen. Die übrigen Thymianstiele grob zerzupfen und zusammen mit einem Klecks Sahne auf den Galettes verteilen.

HANDPIES

Es gibt keine süßere Art, sein Herz zu verschenken, als mit diesen Handpies. Für die Füllung kann hier jeder seine Lieblingskonfitüre verwenden – ob Aprikose, Himbeere oder Blaubeere, alles schmeckt!

FÜR 6 STÜCK

FÜR DIE HANDPIES:
165 g Weizenmehl (Type 405)
plus etwas für die Arbeitsfläche
1 Pck. Vanillezucker
1 Prise Salz
1 Ei (Gr. M)
100 g kalte Butter, in Stücken
100 g Marzipanrohmasse
75 g Erdbeerkonfitüre
2 EL Milch

AUSSERDEM:
Herzausstecher in 3 Größen
Puderzucker zum Bestäuben

Für den Teig Mehl, Vanillezucker und 1 Prise Salz mischen. Das Ei verquirlen, 2 EL davon abnehmen und zum Einpinseln der Handpies beiseitestellen. Die kalte Butter zum Mehl geben und kurz unterkneten. Dann das verquirlte Ei zufügen und alles mit den Händen zu einem glatten Teig verkneten. In Frischhaltefolie gewickelt 30 Minuten im Kühlschrank ruhen lassen.

Den Backofen auf 180 °C vorheizen. Ein Backblech mit Backpapier belegen. Den Teig auf der bemehlten Arbeitsfläche ausrollen und daraus zwölf große Herzen ausstechen. Aus der Hälfte der Herzen zusätzlich ein kleines Herz ausstechen. Die Arbeitsfläche mit etwas Puderzucker bestäuben und die Marzipanrohmasse ausrollen. Sechs mittelgroße Herzen daraus ausstechen.

Um die Handpies zusammenzusetzen, jeweils ein Mürbeteigherz ohne Loch mit einem Marzipanherz belegen und 1 TL Konfitüre darauf verteilen. Das beiseitegestellte Ei mit 2 EL Milch verquirlen und die Ränder um die Marzipanherzen herum damit einpinseln. Dann mit einem zweiten Herz mit Loch belegen und den Rand etwas andrücken. Die Herzen auf das vorbereitete Backblech legen und mit dem übrigen verquirlten Ei bepinseln.

Die Herzen im Backofen etwa 15 Minuten goldgelb backen. Kurz auskühlen lassen, dann vom Blech lösen und mit Puderzucker bestäuben.

ZIMTSCHNECKEN-
Herzen

Gibt es eine bedingungslosere Liebe als die zwischen Hefegebäck und Zimtfüllung? Wahrscheinlich nicht. Egal, ob in Herzform oder zu Schnecken gerollt – die beiden sind einfach füreinander geschaffen.

FÜR 12 STÜCK

FÜR DEN TEIG:
225 ml Milch
½ Würfel frische Hefe
50 g Zucker
450 g Weizenmehl (Type 405)
plus etwas für die Arbeitsfläche
½ TL Salz
1 Ei (Gr. M)
70 g weiche Butter

FÜR DIE FÜLLUNG:
90 g weiche Butter
50 g brauner Zucker
1 ½ EL gemahlener Zimt
1 TL ungesüßtes Kakaopulver

AUSSERDEM:
1 Eigelb
2 EL Milch
Hagelzucker zum Bestreuen

Die Milch in einem kleinen Topf lauwarm erwärmen. Vom Herd nehmen und die Hefe hineinbröckeln. 1 EL Zucker unterrühren und das Ganze für etwa 10 Minuten gehen lassen, bis sich kleine Bläschen an der Oberfläche bilden.

Mehl und Salz in einer großen Schüssel mischen. Die Hefemilch zugeben und kurz unterkneten. Dann den restlichen Zucker, das Ei und die Butter in Stücken zufügen. 10 Minuten zu einem glatten, geschmeidigen Hefeteig verkneten. Diesen abgedeckt an einem warmen Ort etwa 1 Stunde gehen lassen. In der Zwischenzeit für die Füllung alle Zutaten zu einer cremigen Paste verrühren.

Den gegangenen Teig noch einmal gründlich durchkneten. Auf der gut bemehlten Arbeitsfläche etwa ½ cm dick zu einem Rechteck ausrollen. Die Füllung gleichmäßig auf dem Teig verstreichen. Dann die Teigplatte vorsichtig von den beiden langen Seiten her zur Mitte aufrollen. Die Doppelrolle mit einem scharfen Messer in 12 gleich große Scheiben schneiden. Diese zu Herzen formen und mit etwas Abstand auf einem mit Backpapier ausgelegten Backblech verteilen. Abgedeckt nochmals 20–30 Minuten gehen lassen. Den Backofen auf 200 °C vorheizen.

Das Eigelb mit der Milch verquirlen und die Herzen damit bepinseln. Mit Hagelzucker bestreuen und im vorgeheizten Ofen 10–12 Minuten goldgelb backen.

Wie ist doch die Liebe so ein seltsam Ding

Bremen, 26. Dezember 1900

Wie hast Du mir süß geschrieben, Du! Dein Brief war wie ein weiches Kosen Deiner Hände. Und ich hielt mich Dir hin und ließ es mir so gerne gefallen.

Wie ist doch die Liebe so ein seltsam Ding. Wie wohnt sie in uns und ruht sie in uns und nimmt Besitz von jedem Fäserlein unseres Körpers. Und hüllt sich ein in unsere Seele und bedeckt sie mit Küssen.

Das Leben ist ein Wunder. Es kommt über mich, dass ich oftmals die Augen schließen muss, wenn Du mich in Armen hältst. Es überrieselt mich und durchleuchtet mich und schlägt in mir satte verhaltene Farben an, dass ich zittere. Ich habe ein wundervolles Gefühl der Welt gegenüber. Lass sie treiben, was sie will, und hinken statt tanzen, so viel sie will, und schreien statt singen, so viel sie will. Ich gehe an Deiner Seite und führe Dich an der Hand. Und unsere Hände kennen sich und lieben sich und ihnen ist wohl.

So zwei sich lieben von ganzem Herzen,
Sie können ertragen der Trennung Schmerzen.
So zwei sich lieben von ganzer Seele,
Sie müssen leiden des Himmels Befehle.
So zwei sich lieben mit Gottesflammen,
Geschieht ein Wunder und bringt sie zusammen.

...

Ich bin immer Dein.

PAULA MODERSOHN-BECKER AN OTTO MODERSOHN

MINI-BISKUIT-TÖRTCHEN
mit Himbeersahne

Mit ihrer Füllung aus Sahnecreme, Himbeeren und etwas Rosenwasser sind diese Törtchen so lecker, dass es selten bei einem einzigen bleibt. Wie durch Zauberhand schwebt da ein zweites oder gar drittes Küchlein auf den Kuchenteller …

FÜR 8–10 STÜCK

FÜR DIE BISKUITTALER:
2 Eier (Größe M)
60 g Zucker
1 TL Vanillepaste
50 g Weizenmehl (Type 405) plus 1 EL
10 g Speisestärke
1 Prise Salz

FÜR DIE CREME:
100 ml Sahne
1 Pck. Sahnesteif
1 Pck. Vanillezucker
100 g Speisequark
125 g Himbeeren
½ TL Rosenwasser

AUSSERDEM:
Spritzbeutel mit großer Lochtülle
Puderzucker zum Bestäuben
nach Belieben Himbeeren, Sahne und/oder Rosenblüten zum Dekorieren

Den Backofen auf 180 °C vorheizen. Ein Backblech mit Backpapier auslegen.

Die Eier trennen. Die Eiweiße steif schlagen, dabei 25 g Zucker einrieseln lassen. Eigelbe mit übrigem Zucker und der Vanillepaste mit den Schneebesen des Rührgeräts zu einer hellen, schaumigen Masse aufschlagen. Das dauert etwa 5 Minuten. Dann die Eiweiße in drei Portionen vorsichtig unterheben.

Mehl mit Speisstärke und Salz mischen, auf die Eimasse sieben. Ebenfalls behutsam unterheben, bis ein glatter Teig entstanden ist. Den Teig in einen Spritzbeutel mit Lochtülle füllen und etwa 16 Kreise mit 3–4 cm Durchmesser auf das vorbereitete Backblech spritzen. 1 EL Mehl über die Biskuitböden sieben und diese im vorgeheizten Ofen etwa 10 Minuten backen. Sobald die Oberfläche goldgelb ist, sind die Taler fertig. Aus dem Ofen nehmen und vollständig auskühlen lassen.

In der Zwischenzeit für die Creme die Sahne mit dem Sahnesteif und dem Vanillezucker steif schlagen. Den Quark zugeben und kurz unterrühren. 50 g Himbeeren mit einer Gabel grob zerdrücken, das Rosenwasser unterrühren und die Mischung vorsichtig unter die Creme heben.

Zum Servieren je 1 EL Himbeersahne auf einen Biskuittaler geben. Mit den übrigen Himbeeren belegen, einen zweiten Taler als Deckel obenauf setzen und mit viel Puderzucker bestäuben. Nach Belieben mit etwas Sahne, Himbeeren oder Rosenblüten dekorieren.

KAROTTENTÖRTCHEN

Dieser würzig-aromatische Karottenkuchen eignet sich perfekt für ein gemeinschaftliches Backprojekt – allein schon für das Karotten-Raspeln. Wer sich das Durchschneiden des Biskuits sparen will, der kann die Creme auch einfach als dickes Frosting auf den Kuchenboden streichen.

FÜR DEN TEIG:
250 g Karotten (2–3 Stück)
1 kleines Stück Ingwer (ca. ½ cm, alternativ ¼ TL Ingwerpulver)
25 g Walnusskerne
125 g weiche Butter plus etwas für die Form
125 g brauner Zucker
2 Eier (Größe M)
150 g Weizenmehl (Type 405)
50 g gemahlene Mandeln
1 ½ TL Backpulver
¼ TL gemahlener Zimt
1 Prise frisch geriebene Muskatnuss
1 Prise Salz
1 EL Milch

FÜR DIE CREME:
150 ml Sahne
1 Pck. Sahnesteif
200 g Doppelrahmfrischkäse
1 Pck. Vanillezucker
2 EL Ahornsirup

Außerdem:
Springform (Ø 18 cm)
Kokosraspel, Walnüsse, Thymianblättchen und Sternanis für die Deko

Den Backofen auf 180 °C vorheizen. Den Boden der Springform mit Backpapier auslegen, den Rand einfetten. Karotten und Ingwer schälen, dann fein raspeln. Die Walnüsse grob hacken.

Butter mit Zucker hell schaumig aufschlagen. Die Eier nacheinander gründlich unterrühren. Mehl mit gemahlenen Mandeln, Backpulver, Zimt, Muskatnuss und 1 Prise Salz mischen. Zusammen mit der Milch unter den Teig rühren. Zum Schluss Karottenraspel, Ingwer und gehackte Walnüsse unterheben.

Den Teig in die Form füllen und im vorgeheizten Ofen etwa 30 Minuten backen. Mit einem Holzstäbchen testen, ob der Kuchen fertig ist, und aus dem Ofen nehmen, sobald kein Teig mehr am Stäbchen kleben bleibt. Vollständig auskühlen lassen.

Für die Creme Sahne mit dem Sahnesteif halbsteif schlagen. Frischkäse, Vanillezucker und Ahornsirup zufügen und alles zu einer festen Creme aufschlagen.

Den ausgekühlten Kuchen aus der Form lösen. Mit einem großen Messer horizontal in zwei Böden teilen. Den unteren Boden auf einen Teller oder eine Tortenplatte legen und mit der Hälfte der Frischkäsecreme bestreichen. Den zweiten Kuchenboden daraufstapeln und etwas andrücken. ⅔ der übrigen Creme darauf verteilen und mit einer Winkelpalette oder einem Messer glatt streichen. Mit der restlichen Creme das Törtchen rundherum mit einer dünnen Schicht einkleiden. Mit Kokosraspeln, Walnüssen, Sternanis und Thymianblättchen dekorieren.

*In der Liebe
hat ein Mensch sich
in einem anderen
Menschen
wiedergefunden.*

GEORG WILHELM FRIEDRICH HEGEL

FRIANDS
mit Kirschen

Friands sind zarte Küchlein, die hauptsächlich aus Mandeln und Eiweiß bestehen und daher ein feines Marzipanaroma mitbringen. Dieses passt perfekt zu Kirschen, aber auch Beeren oder Schokostückchen fühlen sich im fluffigen Inneren der Friands pudelwohl.

FÜR DIE FRIANDS:
150 g Kirschen
(frisch oder aus dem Glas)
100 g Butter
75 g Weizenmehl (Type 405)
½ TL Backpulver
200 g Puderzucker
1 Prise Salz
100 g gemahlene, blanchierte Mandeln
4 Eiweiß (Gr. M)
1 TL Vanilleextrakt

AUSSERDEM:
Puderzucker zum Bestäuben
Friand- oder Muffinform

Den Backofen auf 180 °C vorheizen. Acht Mulden einer Friand- oder Muffinform einfetten. Frische Kirschen entsteinen, Kirschen aus dem Glas gründlich abtropfen lassen.

Die Butter in einem kleinen Topf zerlassen. Vom Herd nehmen und etwas auskühlen lassen. Mehl, Backpulver, Puderzucker und 1 Prise Salz mischen, in eine Schüssel sieben und die gemahlenen Mandeln zugeben. Eiweiße mit einem Schneebesen schaumig quirlen und mit der abgekühlten Butter und dem Vanilleextrakt unter die trockenen Zutaten rühren. Den Teig in die Förmchen füllen. Die Kirschen darauf verteilen und im vorgeheizten Ofen ca. 25 Minuten backen.

Kurz auskühlen lassen, dann aus der Form stürzen und mit Puderzucker bestäuben.

BROWNIE COOKIES

Brownies, Cookies oder doch beides? Wer sich nicht für eine dieser beiden Leckereien entscheiden kann, für den sind diese Brownie Cookies der perfekte Kompromiss: außen knuspriger Cookie, innen zart schmelzendes Brownie-Herz.

FÜR 8–10 STÜCK

150 g Zartbitterschokolade
35 g Butter
30 g Weizenmehl (Type 405)
1 EL ungesüßtes Kakaopulver
1 Msp. Backpulver
1 Ei (Gr. M)
1 TL Vanillepaste
65 g Zucker
1 TL grobes Meersalz

Die Zartbitterschokolade grob hacken. 100 g Schokolade mit der Butter über dem Wasserbad schmelzen. Mehl, Kakaopulver und Backpulver mischen.

Ei, Vanillepaste und Zucker mit den Schneebesen des Handrührgeräts hell schaumig aufschlagen. Die flüssige Schokoladen-Butter-Mischung unterrühren. Dann die trockene Mischung und zuletzt die übrigen Schokostückchen unterheben. Den Teig abgedeckt 1 Stunde kalt stellen.

Den Backofen auf 180 °C vorheizen. Ein Backblech mit Backpapier belegen. Mit zwei Löffeln oder einem Eisportionierer aus dem Schokoladenteig Kugeln abstechen. Diese mit etwas Abstand zueinander auf dem vorbereiteten Backblech verteilen und im vorgeheizten Ofen 8–10 Minuten backen. Noch warm mit je 1 Prise Meersalz bestreuen.

Früher war Schokolade meine Schwäche – heute bist du es.

SANDWICH
mit Erbsencreme und Bacon

Dick belegte Brote mit Erbsencreme, Mozzarella und Bacon stellen jede Käsestulle in den Schatten. Perfekt für ein Picknick – egal, ob im Park, im Garten oder zu Hause auf dem Sofa.

200 g Erbsen (TK)
1 EL Butter
1 TL Zitronensaft
1 Stängel frische Minze
Salz
frisch gemahlener schwarzer Pfeffer
6 Scheiben Bacon
50 g Frischkäse
1 EL grünes Pesto
4 Scheiben Krustenbrot
1 Kugel Mozzarella (125 g)
1 Handvoll Radieschensprossen

Die Erbsen in kochendem Salzwasser etwa 10 Minuten garen. Abgießen und kurz ausdampfen lassen. Mit Butter und Zitronensaft in ein hohes Gefäß geben und mit einem Pürierstab nur grob pürieren. Alternativ mit einer Gabel zerdrücken. Die Minzblättchen abzupfen, hacken und zur Erbsencreme geben. Mit Salz und Pfeffer würzen.

Den Bacon in einer Pfanne knusprig anbraten, den Frischkäse mit dem Pesto glatt rühren.

2 Brotscheiben mit dem Frischkäse-Pesto bestreichen. Den Bacon darauflegen und mit der Erbsencreme bedecken. Den Mozzarella in grobe Stücke zupfen und ebenfalls auf den Broten verteilen. Mit Radieschensprossen bestreuen und mit den beiden übrigen Brotscheiben zu Sandwiches stapeln.

MINI-QUICHES
mit Spinat und Vanillemöhren

Diese kleinen Quiches sind zwar herzhaft – etwas Vanillezucker hat sich dennoch unter die Zutaten geschummelt. Klingt ungewöhnlich, ist aber perfekt, um die Karotten damit zu karamellisieren und den kleinen Törtchen dadurch ihren ganz besonderen Twist zu geben!

FÜR 6 STÜCK

FÜR DEN TEIG:
185 g Mehl (Weizenmehl Type 405 oder Dinkelmehl Type 630) plus etwas für die Förmchen und die Arbeitsfläche
100 g kalte Butter, in Stücken plus etwas für die Förmchen
1 Ei (Gr. M)
½ TL Salz

FÜR DIE FÜLLUNG:
200 g Karotten
50 g Babyspinat
1 EL Butter
½ Pck. Vanillezucker
40 g Manchego
100 g Schmand
100 ml Sahne
1 Ei (Gr. M)
Salz
frisch gemahlener schwarzer Pfeffer
1 Prise frisch geriebene Muskatnuss

AUSSERDEM:
6 Tartelette- oder Quicheförmchen (Ø 10 cm)

Die Förmchen einfetten und mit Mehl ausstäuben. Für den Teig alle Zutaten rasch zu einem glatten Mürbteig verkneten. In sechs Portionen teilen und diese rund auf der bemehlten Arbeitsfläche ausrollen. Die Förmchen vollständig damit auskleiden. Für 30 Minuten im Kühlschrank ruhen lassen.

In der Zwischenzeit für die Füllung die Karotten schälen, der Länge nach halbieren und schräg in Scheiben schneiden. Den Spinat waschen und trocken schleudern.

Die Butter in einer großen, beschichteten Pfanne zerlassen. Die Karotten zufügen und 5 Minuten andünsten. Dann den Vanillezucker darüberstreuen, kurz karamellisieren lassen. Den Spinat zugeben und zusammenfallen lassen. Vom Herd nehmen.

Den Backofen auf 200 °C vorheizen. Den Käse reiben. Schmand, Sahne und Ei verquirlen. Mit Salz, Pfeffer und Muskatnuss würzen, die Hälfte des geriebenen Käses unterrühren. Die Quicheförmchen aus dem Kühlschrank nehmen und die Spinat-Karotten-Füllung auf den Mürbeteigboden geben. Die Schmand-Sahne-Creme darauf verteilen und mit dem übrigen Käse bestreuen.

Die Quiches im vorgeheizten Ofen 15–20 Minuten backen. Herausnehmen, kurz auskühlen lassen und dann vorsichtig aus den Förmchen lösen.

GEMÜTLICHER
Feierabend

Auch wenn im Alltag so manches auf der Strecke bleibt, gibt es kein schöneres Ritual, als am Abend gemeinsam zu kochen, zu genießen und den Feierabend einzuläuten. Natürlich mit einfachen Gerichten, die auch ohne großen Aufwand satt und glücklich machen.

EINFACHES CURRY
mit buntem Gemüse

Dieses schnelle Curry ist die leckerste Art, die Gemüseschublade im Kühlschrank aufzuräumen. Die Gemüsebasis lässt sich frei variieren und so schmeckt dieses Gericht jedes Mal ein wenig neu und anders, egal, wie häufig man es schon gekocht hat.

FÜR DAS CURRY:
500 g gemischtes Gemüse
(z. B. Paprika, Aubergine, Zucchini, Zuckerschoten, Karotten)
1 rote Zwiebel
1 Knoblauchzehe
1 Stück Ingwer (1–2 cm)
1 EL Kokosöl
35 g rote Linsen
1 ½ EL rote Currypaste (mild)
250 ml Kokosmilch
250 ml Gemüsebrühe
½ Limette
Salz
frisch gemahlener schwarzer Pfeffer

AUSSERDEM:
120 g Basmatireis
20 g Cashewkerne
4 Stängel Koriander
2 EL Naturjoghurt
Mangochutney

Das Gemüse putzen und in 1–2 cm große Würfel schneiden. Zwiebel, Knoblauch und Ingwer schälen. Die Zwiebel in Ringe schneiden, Ingwer und Knoblauch fein hacken.

Das Kokosöl in einer großen Pfanne erhitzen. Gemüse, Zwiebeln, Knoblauch und Ingwer zugeben und unter Rühren 3 Minuten andünsten. Die roten Linsen kurz mitdünsten. Dann die Currypaste einrühren, mit Kokosmilch und Gemüsebrühe ablöschen. Das Curry einmal aufkochen, dann die Temperatur reduzieren und alles 15–20 Minuten leise köcheln lassen.

In der Zwischenzeit den Basmatireis kalt abspülen. Mit 180 ml Wasser und ½ TL Salz in einen Topf geben und aufkochen lassen. Die Hitze auf niedrigste Stufe reduzieren und den Reis abgedeckt etwa 15 Minuten quellen lassen.

Die Limette auspressen. Die Cashewkerne grob hacken, dann in einer Pfanne ohne Fett anrösten. Den Koriander abbrausen, trocken tupfen und die Blättchen von den Stielen zupfen. Wenn die Linsen gar sind, das Curry mit Limettensaft, Salz und Pfeffer würzen. Mit Reis, Cashewkernen, Koriander, Joghurt und Mangochutney servieren.

GEFÜLLTE PAPRIKA
mit Kartoffelwedges

Diese bunt gefüllte Paprika und die knusprigen Kartoffelspalten sind nicht nur geschmacklich ein Traumpaar – die beiden verstehen sich sogar so gut, dass sie sich auf eine gemeinsame Backzeit im Ofen einigen konnten. Das macht die Zubereitung besonders unkompliziert und dieses Gericht umso beliebter.

FÜR DIE PAPRIKA:
2 große rote Paprikaschoten
1 Zwiebel
1 Knoblauchzehe
2 EL Olivenöl plus
etwas zum Beträufeln
250 g Rinderhackfleisch
1 TL Paprikapulver, edelsüß
1 Tomate
100 g Ricotta
140 g Mais-Bohnen-Mix
(Dose, abgetropft)
50 g Reibekäse

FÜR DIE KARTOFFELWEDGES:
300 g Kartoffeln (festkochend)
1 TL getrockneter Rosmarin
Salz
frisch gemahlener
schwarzer Pfeffer
4 EL Olivenöl

Den Backofen auf 200 °C vorheizen. Von den beiden Paprikaschoten den Deckel abschneiden und die Kerne entfernen.

Die Zwiebel und den Knoblauch schälen und fein würfeln. Öl in einer Pfanne erhitzen, Zwiebel und Knoblauch darin andünsten. Das Rinderhack sowie das Paprikapulver zugeben und das Fleisch krümelig braten. Die Tomate vom Stielansatz befreien und würfeln. Zusammen mit dem Ricotta und dem Mais-Bohnen-Mix zum Hackfleisch geben und alles verrühren. Mit Salz und Pfeffer würzen.

Die Paprikaschoten in eine Auflaufform stellen und mit der Hack-Ricotta-Mischung befüllen. Die Paprikadeckel danebenlegen und mit etwas Öl beträufeln.

Für die Kartoffelwedges die Kartoffeln gründlich waschen, in Spalten schneiden und mit Rosmarin, Salz und Pfeffer würzen. Zu den Paprikaschoten in die Auflaufform geben, mit dem Olivenöl beträufeln. Gefüllte Paprika und Wedges 35 Minuten im Ofen backen, dabei die Paprika nach 20 Minuten mit dem Reibekäse bestreuen.

*Wenn ich
bei dir bin,
bin ich genau da,
wo ich
sein möchte.*

KRAUTSPÄTZLE
mit Bergkäse und Feldsalat

Krautspätzle mit Käse oder Käsespätzle mit Kraut? Ganz egal. Hauptsache, es gibt knusprige Röstzwiebeln und frischen Feldsalat dazu!

FÜR DIE RÖSTZWIEBELN:
1 große Zwiebel
1 TL Zucker
1 TL Salz
2 EL Mehl
ca. 6 EL Sonnenblumenöl

FÜR DIE KRAUTSPÄTZLE:
350 g Spätzle
(gekauft oder selbst gemacht)
100 g Bergkäse
1 EL Butter
200 g Weinsauerkraut
50 ml Sahne
¼ TL frisch geriebene Muskatnuss
1 Msp. gemahlener Kümmel
Salz
frisch gemahlener schwarzer Pfeffer

FÜR DEN FELDSALAT:
80 g Feldsalat
1 kleine rote Zwiebel
1 TL Wildpreiselbeeren (Glas)
2 EL Balsamicoessig
2 EL Apfelessig
1 TL Senf
3 EL Olivenöl

Für die Röstzwiebeln die Zwiebel schälen und in dünne Ringe schneiden. Mit dem Zucker und dem Salz mischen und kurz durchziehen lassen. Dann im Mehl wenden, sodass die Zwiebelringe rundherum damit überzogen sind. Das Sonnenblumenöl in eine kleine Pfanne geben. Der komplette Pfannenboden sollte mit Öl bedeckt sein. Die Zwiebelringe darin bei starker Hitze unter gelegentlichem Wenden goldbraun ausbacken. Dann herausnehmen und auf einem Küchentuch etwas abtropfen lassen.

Für die Krautspätzle die Spätzle nach Packungsanweisung garen. Den Bergkäse reiben. Die Butter in einer Pfanne zerlassen, Spätzle zugeben und 3 Minuten rundherum anbraten. Dann das Sauerkraut zugeben und kurz erwärmen. Den Bergkäse zusammen mit der Sahne zufügen und unter gelegentlichem Rühren schmelzen lassen. Mit Muskatnuss, Kümmel, Salz und frisch gemahlenem schwarzem Pfeffer würzen.

Den Feldsalat waschen und putzen. Die rote Zwiebel schälen, fein würfeln und mit dem Feldsalat in einer Schüssel mischen. Für das Dressing Wildpreiselbeeren, Balsamicoessig, Apfelessig, Senf und Olivenöl verquirlen. Den Feldsalat damit beträufeln.

Die Käse-Kraut-Spätzle mit den Röstzwiebeln bestreuen und mit dem Salat anrichten.

PASTINAKEN-GNOCCHI
mit gebräunter Butter und Haselnüssen

Wer auf die geriffelte Form verzichten kann, für den wird die Gnocchi-produktion zum Kinderspiel. Einfach nur aus einer Rolle in Stücke geschnitten, sind die Gnocchi im Nu fertig und bereit, in der gebräunten Salbeibutter geschwenkt zu werden.

FÜR DIE GNOCCHI:
300 g Kartoffeln (mehligkochend)
250 g Pastinaken
75 g Mehl plus etwas mehr zum Bearbeiten
35 g Kartoffelstärke
1 Eigelb
¼ TL frisch geriebene Muskatnuss
Salz
frisch gemahlener schwarzer Pfeffer

AUSSERDEM:
35 g Haselnüsse
65 g Butter
4 Salbeiblätter
frisch geriebener Parmesan
Kartoffelpresse

Die Kartoffeln in Salzwasser 25–30 Minuten weich kochen. Pastinaken schälen, faserige Enden und Wurzelansätze entfernen und die Pastinaken in grobe Würfel schneiden. Nach 10 Minuten zu den Kartoffeln geben. Kartoffeln und Pastinaken 15–20 Minuten garen, anschließend abgießen und kurz ausdampfen lassen.

Die Kartoffeln pellen und zusammen mit den Pastinaken durch eine Kartoffelpresse drücken. Mit Mehl, Kartoffelstärke, Eigelb, Muskatnuss, Salz und Pfeffer verkneten. Sollte die Masse noch sehr klebrig sein, einfach etwas mehr Mehl untermischen. Den Teig zu Rollen formen und diese in 1 ½ cm breite Stücke schneiden.

Reichlich Salzwasser in einem Topf erhitzen. Die Gnocchi im siedenden Wasser 4–6 Minuten garen, bis sie an der Oberfläche schwimmen. Abschöpfen und abtropfen lassen.

Die Haselnüsse grob hacken und in einer Pfanne ohne Fett anrösten. Herausnehmen und die Butter in der Pfanne schmelzen. Dabei so lange erhitzen, bis die Butter goldbraun ist und nussig zu duften beginnt. Die Salbeiblätter zufügen. Dann die Gnocchi in die Pfanne geben und in der Butter schwenken. Mit den Haselnüssen und frisch geriebenem Parmesan bestreut servieren.

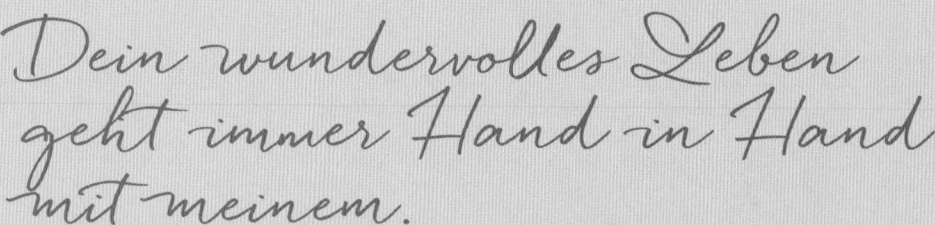
Dein wundervolles Leben geht immer Hand in Hand mit meinem.

Mein lieber Junge, mein Eigen,

ich hoffe, die Zigaretten sind unbeschadet angekommen. Ich habe heute mit Gladys de Grey, Reggie und Aleck York zu Mittag gegessen. Sie wollen, dass ich am Donnerstag mit ihnen nach Paris fahre: Sie sagen, man trägt dort Flanell und Strohhüte und speist im Bois. Aber ich habe natürlich wie immer kein Geld und kann nicht mitfahren. Außerdem möchte ich Dich sehen. Es ist wirklich absurd. Ich kann ohne Dich nicht leben. Du bist so lieb, so wunderbar.

Ich denke den ganzen Tag lang an Dich, ich vermisse deine Anmut, deine jungenhafte Schönheit, die blitzende Schärfe Deines Witzes, die feinen Höhenflüge Deines Genies, das immer wieder mit seinen plötzlichen Schwalbenflügen nach Norden oder Süden, der Sonne oder dem Mond entgegen überrascht – aber vor allem Dich.

Die einzigen Worte, die mich trösten, sind die, die Sybil aus der Mortimer Street (die die Sterblichen Mrs. Robinson nennen) zu mir sagte*. Wenn ich an ihr zweifeln könnte, würde ich es tun, aber ich kann es nicht, und ich weiß, dass Du und ich Anfang Januar gemeinsam auf eine lange Reise gehen werden. Dein wundervolles Leben geht immer Hand in Hand mit meinem.

Mein lieber, wundervoller Junge, ich hoffe, Du bist brillant und glücklich.

Schreib mir eine Zeile und nimm all meine Liebe – jetzt und für immer.

Auf ewig und mit voller Hingabe – jedoch ohne passende Worte dafür, wie sehr ich Dich liebe.

Oscar

OSCAR WILDE AN LORD ALFRED DOUGLAS, JULI 1894

PENNE ARRABIATA
mit Feta und Antipasti

30 Minuten im Ofen machen aus einer einfachen Tomatensoße, etwas Gemüse und Feta die beste Nudelsoße weit und breit. Wer es schärfer mag, darf vor dem Servieren mit Chiliflocken nachwürzen.

FÜR DEN FETA:
1 Knoblauchzehe
50 g Kirschtomaten
200 g stückige Tomaten (Dose)
½ TL getrockneter Oregano
1 TL Chiliflocken (je nach gewünschtem Schärfegrad auch etwas mehr oder weniger)
1 TL Balsamicoessig
Salz
frisch gemahlener schwarzer Pfeffer
100 g Feta
1 EL Olivenöl

FÜR DAS GEMÜSE:
½ Aubergine
½ Zucchini
1 Paprikaschote
1 rote Zwiebel
3 EL Olivenöl
½ TL Paprikapulver
½ TL getrockneter Rosmarin
Salz
frisch gemahlener schwarzer Pfeffer

AUSSERDEM:
180 g Penne
frisches Basilikum
Chiliflocken (optional)

Den Backofen auf 200 °C vorheizen. Für den Baked Feta den Knoblauch schälen und durch die Presse drücken. Die Kirschtomaten halbieren. Beides in einer Auflaufform mit den stückigen Tomaten, Oregano, Chiliflocken, Balsamicoessig, Salz und Pfeffer mischen. Den Feta in die Mitte der Soße legen und mit dem Olivenöl beträufeln.

Das Gemüse putzen, in 1–2 cm große Würfel schneiden und in eine zweite Auflaufform geben. Mit dem Olivenöl, Paprikapulver und Rosmarin mischen, mit Salz und Pfeffer würzen. Feta und Gemüse im Ofen etwa 25 Minuten backen.

In der Zwischenzeit die Pasta bissfest kochen. Den fertigen Feta in der Tomatensoße mit einer Gabel etwas zerdrücken, sodass eine cremige Mischung entsteht. Die Penne mit der Fetasoße, dem Gemüse und frischem Basilikum bestreut servieren. Optional für mehr Schärfe mit ein paar Chiliflocken bestreuen.

KAROTTENTARTE
mit Ziegenfrischkäse

Mit ihrem Boden aus fertigem Blätterteig ist diese Tarte von der besonders schnellen Sorte. Die Kombination aus Ziegenfrischkäse, Haselnüssen und karamellisierten bunten Karotten macht sie trotzdem zu etwas ganz Besonderem.

400 g bunte Karotten
5 Zweige Thymian
2 EL Olivenöl
Salz
frisch gemahlener schwarzer Pfeffer
1 EL Honig plus etwas zum Beträufeln
1 Frühlingszwiebel
150 g Ziegenfrischkäse
150 g Schmand
1 TL Senf
1 Rolle Blätterteig (Kühlregal)
2 EL Haselnussblättchen
1 EL flüssiger Honig

Den Backofen auf 200 °C vorheizen. Ein Backblech mit Backpapier belegen. Die Karotten putzen, schälen und in ca. 10 cm lange Stifte schneiden. Den Thymian abbrausen und trocken tupfen. 3 Zweige Thymian für später beiseitelegen. Vom Rest die Blättchen abzupfen.

Olivenöl in einer Pfanne erhitzen und die Karottenstifte darin etwa 5 Minuten andünsten. Mit Salz, Pfeffer und Thymianblättchen würzen. Die Karotten mit 1 EL Honig unter Rühren karamellisieren, dann vom Herd nehmen.

Für die Käsecreme die Frühlingszwiebel putzen und in Ringe schneiden. Anschließend mit Ziegenfrischkäse, Schmand und Senf verrühren, mit Salz und Pfeffer würzen.

Den Blätterteig auf dem vorbereiteten Backblech auslegen. Mit einem Messer ringsum einen ca. 1 cm breiten Rand ritzen. Die Ziegenkäsecreme innerhalb dieses Randes verstreichen und mit den Karotten belegen. Die beiseitegelegten Thymianzweige grob zerzupfen und zusammen mit den Haselnussblättchen auf dem Belag verteilen.

Die Tarte im vorgeheizten Ofen 15–20 Minuten goldgelb backen. Herausnehmen und mit etwas Honig beträufeln.

Wie ein Rausch ist deine Liebe,
Deine Küsse wie der Wein –
Trank ich mich an deinen Lippen
Selig satt, so schlaf ich ein.

Und dein Arm ist meine Wiege,
Heimlich singst du mir ein Lied,
Dass ein Glanz von Glück und Liebe
Noch durch meine Träume zieht.

ANNA RITTER

GEBACKENE BIRNENHÄLFTEN
mit Gorgonzola

Bei Gorgonzola scheiden sich die Geister, nicht jeder mag das kräftige Aroma des Blauschimmelkäses. Hier wird es geschickt von der süßen gebackenen Birne aufgefangen – im wahrsten Sinne des Wortes.

2 Birnen
1 TL Zitronensaft
2 EL Olivenöl
80 g Gorgonzola
35 g Walnusskerne
1 TL getrockneter Rosmarin
Salz
frisch gemahlener schwarzer Pfeffer
1 EL Honig

Den Backofen auf 200 °C vorheizen. Die Birnen halbieren, das Kerngehäuse herausschneiden. Zitronensaft und Olivenöl mischen. Die Birnen damit einpinseln und in eine Auflaufform legen. Im vorgeheizten Ofen 20 Minuten backen.

Den Gorgonzola mit einer Gabel zerdrücken. 25 g Walnusskerne fein hacken. Mit Gorgonzola, getrocknetem Rosmarin, jeweils 1 Prise Salz und Pfeffer mischen und in die Birnen füllen. Mit Honig beträufeln. Noch mal 3–5 Minuten backen, dann mit den übrigen Walnusskernen servieren.

KLEINE FLADENBROTE
mit Dattel-Walnuss-Dip

Vorsicht, dieser Dip aus Frischkäse, Datteln und Walnüssen macht süchtig! Vor allem in Kombination mit selbst gebackenem Fladenbrot, das frisch aus dem Ofen Stück für Stück in diesem Lieblingsdip landet ...

FÜR DIE FLADENBROTE:
½ Würfel frische Hefe
1 TL Zucker
250 g Weizenmehl (Type 405)
1 TL Salz
2 EL Olivenöl
2 EL Milch
1 EL Schwarzkümmelsamen
1 EL Sesamsamen

FÜR DEN DIP:
35 g Datteln ohne Stein
25 g Walnusskerne
1 Knoblauchzehe
100 g Frischkäse
100 g griechischer Joghurt
1 TL Currypulver
¼ TL Paprikapulver, edelsüß
Salz
frisch gemahlener
schwarzer Pfeffer
1 TL frisch gehackte Petersilie

Für die Fladenbrote die Hefe in 150 ml lauwarmes Wasser bröckeln. Den Zucker zufügen und rühren, bis sich Hefe und Zucker aufgelöst haben. Dann 10 Minuten stehen lassen.

Das Mehl mit dem Salz in einer großen Schüssel mischen. Hefewasser und Olivenöl zufügen. Mit den Knethaken des Rührgeräts 10 Minuten zu einem geschmeidigen Teig verkneten. Diesen mit einem feuchten Geschirrtuch abdecken und an einem warmen Ort 1 Stunde gehen lassen, bis sich sein Volumen verdoppelt hat.

Den Teig auf der bemehlten Arbeitsfläche noch mal kurz durchkneten. Dann in sechs Portionen teilen und diese zu kleinen ovalen Fladen ausrollen. Auf ein mit Backpapier ausgelegtes Backblech legen und 1 weitere Stunde gehen lassen.

Den Backofen auf 220 °C vorheizen. Die Fladenbrote mit einem scharfen Messer kreuzweise einschneiden, dann mit der Milch bepinseln und mit Schwarzkümmel und Sesam bestreuen. Im vorgeheizten Ofen 15 Minuten backen.

Währenddessen für den Dip die Datteln halbieren und in Stücke schneiden. Die Walnusskerne in einer Pfanne ohne Fett anrösten, dann fein hacken. Den Knoblauch schälen, durch eine Presse drücken und mit den übrigen Zutaten glatt rühren. Zum Schluss die Datteln und Walnüsse untermischen. Mit Salz und Pfeffer würzen und mit der gehackten Petersilie garnieren.

Die warmen Fladenbrote mit dem Dip servieren.

JOGHURT-PANNACOTTA
mit Erdbeeren

Dem Joghurt sei Dank ist diese Pannacotta ein frisches, leichtes Dessert – das sich nach Belieben mit frischen Früchten, Keksbröseln, gehackten Nüssen, Schokosoße oder Kompott aufpimpen lässt.

FÜR DIE PANNACOTTA:
1 ½ Blatt Gelatine
½ Vanilleschote
150 ml Sahne
50 g Zucker
1 Streifen Bio-Zitronenschale
100 g Naturjoghurt

AUSSERDEM:
50 g Erdbeeren
2 zerbröselte Butterkekse

Gelatineblätter in kaltem Wasser einweichen. Vanilleschote längs halbieren und auskratzen. Mark und Schote zusammen mit Sahne, Zucker und dem Streifen Bio-Zitronenschale in einen Topf geben. Unter Rühren kurz aufkochen, bis der Zucker sich aufgelöst hat. Dann vom Herd ziehen.

Die Gelatine ausdrücken und in der warmen Sahne auflösen. 10 Minuten abkühlen lassen. Die Vanilleschote und die Zitronenschale aus der Sahne entfernen. 2 EL Joghurt in die Sahne rühren, dann die komplette Sahne unter Rühren zum Joghurt geben. Gründlich verrühren, bis eine glatte Masse entstanden ist.

Die Pannacotta in Gläser füllen und für mindestens 4 Stunden kalt stellen. Mit frischen Erdbeeren und Butterkeksbröseln servieren.

*Und manchmal
flüstert das Glück
ganz leise:
Du bist dran.*

Der entspannte FERNSEHABEND

Käseplatte, Hummusteller und ein erfrischender Cider-Drink – drei Freunde, die zu jedem Fernsehabend eingeladen werden sollten! Denn ohne die passende (kulinarische) Begleitung ist selbst der beste Film nur halb so gut.

HUMMUSTELLER

FÜR DAS TOPPING:
1 kleiner Blumenkohl
½ TL gemahlene Kurkuma
½ TL getrockneter Koriander
Salz
frisch gemahlener schwarzer Pfeffer
3 EL Olivenöl
½ Gurke
4 Stängel glatte Petersilie
50 g Granatapfelkerne
1 TL Sesamsamen
1 TL Schwarzkümmelsamen
1 TL Za'atar

FÜR DEN HUMMUS:
1 Dose Kichererbsen (240 g Abtropfgewicht)
1 Knoblauchzehe
2–3 EL Zitronensaft
50–75 g Tahin
2–3 Eiswürfel (oder 6–8 EL eiskaltes Wasser)
½ TL gemahlener Kreuzkümmel
¼ TL Cayennepfeffer
Salz
2 EL Olivenöl

Für das Gemüsetopping den Backofen auf 220 °C vorheizen. Den Blumenkohl putzen und in kleine Röschen teilen. Mit Kurkuma, Koriander, Salz, Pfeffer und Olivenöl in einer Auflaufform mischen. 20 Minuten im Ofen rösten.

In der Zwischenzeit für den Hummus die Kichererbsen abgießen, abspülen und in eine große Schüssel mit reichlich kaltem Wasser geben. Die Kichererbsen zwischen den Händen hin- und her reiben, sodass sich die feinen Häutchen lösen und an die Oberfläche schwimmen. Die Häutchen abschöpfen und die geschälten Kichererbsen abgießen.

Knoblauch schälen und grob zerkleinern. Zusammen mit 2 EL Zitronensaft in einem Universalzerkleinerer oder Mixer pürieren. Dann die Kichererbsen und 50 g Tahin zugeben und ebenfalls fein pürieren. Sobald keine größeren Stückchen mehr zu sehen sind, die Eiswürfel und Gewürze zufügen und so lange pürieren, bis eine cremige Masse entstanden ist. Mit übrigem Zitronensaft, Tahin, Salz und Kreuzkümmel abschmecken.

Den Hummus auf einem Teller verstreichen und mit Olivenöl beträufeln. Die Salatgurke waschen und in Stücke schneiden, Petersilie abbrausen, trocken tupfen und die Blättchen abzupfen. Zusammen mit dem gerösteten Blumenkohl auf dem Hummus verteilen. Mit Granatapfelkernen, Sesamsaat, Schwarzkümmel und Za'atar bestreuen.

CHARCUTERIE-KÄSEPLATTE

FÜR DEN FEIGENSENF:
200 g Soft-Feigen
25 g brauner Zucker
50 g Rotweinessig
100 ml Orangensaft
20 g gelbe Senfkörner
frisch gemahlener schwarzer Pfeffer
Salz

FÜR DIE KÄSEPLATTE:
350 g Käse nach Wahl (Mix aus Hartkäse, Weichkäse, Schnittkäse und Frischkäse, z. B. Brie, Cheddar, Bergkäse, Frischkäse)
100 g Trauben
1 kleines Glas saure Gurken
100 g eingelegte Oliven
50 g Nusskernmischung
½ Vollkornbaguette
Grissini oder Cracker

Für den Feigensenf die Feigen pürieren. Mit dem braunen Zucker, Rotweinessig und Orangensaft in einen Topf geben. Einmal aufkochen, anschließend 5–10 Minuten leise köcheln lassen, bis die Masse eingedickt ist. Dabei immer wieder umrühren. Vom Herd nehmen und etwas abkühlen lassen.

Die Senfkörner im Mixer fein mahlen oder mit einem Mörser zerstoßen. Zusammen mit einer großen Prise Salz und frisch gemahlenem Pfeffer zu den Feigen geben und unterrühren. 10 Minuten ziehen lassen, für feineren Senf eventuell noch einmal durchpürieren.

Die festen Käsesorten aufschneiden. Die Trauben waschen. Mit den sauren Gurken, Oliven, Nüssen und dem Feigensenf auf einer Holzplatte anrichten. Baguette in Scheiben schneiden und zusammen mit Grissini oder Crackern dazu servieren.

QUITTEN-CIDER-DRINK

FÜR DEN DRINK:
200 ml Ginger Beer
300 ml Apfel-Quitten-Saft
400 ml Cider

AUSSERDEM:
Eiswürfel
2 Apfelscheiben zum Garnieren

Eiswürfel in zwei große Gläser geben. Mit Ginger Beer, Apfel-Quitten-Saft und Cider aufgießen und mit je 1 Apfelscheibe garniert servieren.

Romantisches DINNER

Etwas Zweisamkeit, eine liebevoll zubereitete Mahlzeit und flackernder Kerzenschein haben schon so manche Herzen im Sturm erobert. Wahre Liebe geht eben durch den Magen. Und spätestens bei einem verführerischen Dessert wird jede(r) schwach.

Bärlauch-FLÄDLESUPPE

Ein ausgedehnter Frühjahrsspaziergang ist wie gemacht, um reichlich frischen Bärlauch zu sammeln. Vor allem, wenn am Ende ein Teller dieser herzhaft-würzigen Flädlesuppe als Belohnung winkt.

FÜR DIE FLÄDLE:
4 Stängel Bärlauch
1 Ei
50 ml Milch
65 g Dinkelmehl (Type 630)
1 große Prise Salz
50 ml Mineralwasser mit Kohlensäure
Butter oder Öl zum Ausbacken

FÜR DIE SUPPE:
1 Karotte
1 Stange Staudensellerie
2–3 Stängel Bärlauch
500 ml Gemüsefond (Glas oder selbst gemacht)
100 g Erbsen (TK)
Salz
frisch gemahlener schwarzer Pfeffer
frisch geriebene Muskatnuss

Für die Flädle den Bärlauch abbrausen, trocken tupfen und in feine Streifen schneiden. Das Ei mit der Milch verquirlen. Das Mehl mit dem Salz mischen und nach und nach abwechselnd mit dem Mineralwasser unter die Eiermilch rühren. Zum Schluss den Bärlauch zufügen und den Teig 30 Minuten quellen lassen.

Etwas Öl oder Butter in einer beschichteten Pfanne erhitzen, jeweils eine Kelle Pfannkuchenteig hineingeben und unter einmaligem Wenden von beiden Seiten goldgelb ausbacken. Die fertigen Pfannkuchen auskühlen lassen, anschließend aufrollen und in dünne Streifen scheiden.

Für die Suppe die Karotte in feine Streifen und die Selleriestange in kleine Stücke schneiden. Den Bärlauch abbrausen, trocken tupfen und fein hacken. Den Gemüsefond in einen Topf geben und einmal aufkochen. Karotte, Sellerie und Erbsen zufügen bei mittlerer Hitze 5–10 Minuten leise köcheln lassen, bis das Gemüse gar ist. Mit Salz, Pfeffer und Muskatnuss würzen.

Die Suppe mit den Flädle und dem gehackten Bärlauch servieren.

CAESAR SALAD
mit Parmesan-Hähnchen

Mit Parmesanhähnchen und Knoblauchcroûtons ist dieser Caesar Salad knusprig wie kein zweiter. Das Dressing kommt in dieser Variante zwar ohne Eigelb aus, auf die Sardellen sollte für den typischen Geschmack jedoch nicht verzichtet werden.

FÜR DIE CROÛTONS:
6 Scheiben Baguette
1 Knoblauchzehe
2 Stängel Petersilie
1 EL Butter
grobes Meersalz

FÜR DAS HÄHNCHEN:
250 g Hähnchenbrustfilet
1 Ei
15 g Mehl
50 g Semmelbrösel
35 g fein geriebener Parmesan
½ TL Paprikapulver, edelsüß
2 EL Öl

FÜR DEN SALAT:
2 kleine Romana-Salatherzen
½ Avocado
½ Bund Radieschen
1 Ei
20 g grob gehobelter Parmesan

FÜR DAS DRESSING:
1 Knoblauchzehe
Saft von ½ Bio-Zitrone
2 Sardellenfilets (Glas)
100 g Schmand
1 TL Dijon-Senf
½ TL Worcestersauce
Salz
frisch gemahlener schwarzer Pfeffer

Für die Croûtons das Baguette in Würfel schneiden. Den Knoblauch schälen und fein hacken oder durch die Knoblauchpresse drücken. Die Petersilie abbrausen, trocken tupfen, die Blättchen von den Stängeln zupfen und fein hacken. Die Butter in einer Pfanne zerlassen, den Knoblauch darin kurz andünsten, dann die Croûtons zugeben. Unter gelegentlichem Rühren 3–5 Minuten rösten. Zum Schluss die Petersilie untermischen und mit 1 großen Prise Meersalz würzen.

Für das Hähnchen den Backofen auf 200 °C vorheizen. Ein Backblech mit Backpapier belegen. Das Filet abspülen, trocken tupfen und in grobe Stücke schneiden.

Das Ei in einer Schüssel verquirlen. Das Mehl in eine zweite Schüssel geben. Semmelbrösel, Parmesan und Paprikapulver in einer weiteren Schüssel mischen. Die Hähnchenstreifen zuerst im Mehl, dann im Ei und schließlich in den Semmelbröseln wälzen. Auf das vorbereitete Backblech legen. Mit dem Öl beträufeln und im Ofen 15–20 Minuten backen. Dabei nach der Hälfte der Zeit wenden.

Währenddessen den Salat zerteilen, waschen, trocken schleudern und in grobe Stücke schneiden. Avocado aus der Schale lösen und in Spalten schneiden. Radieschen putzen und in Scheiben schneiden.

Wasser in einem kleinen Topf aufkochen, das Ei hineingeben und 8 Minuten kochen. Kalt abschrecken, pellen und achteln.

Für das Dressing den Knoblauch schälen und zusammen mit Zitronensaft und Sardellenfilets fein pürieren. Schmand, Senf und Worcestersauce unterrühren und mit Salz und Pfeffer würzen. Gegebenenfalls mit etwas Worcestersauce oder Senf abschmecken.

Den Salat mit Avocado, Radieschen, Ei, Hähnchen und Croûtons anrichten, zum Schluss mit dem Dressing beträufeln. Den Parmesan über den Salat streuen.

Zwei Segel

Zwei Segel erhellend
Die tiefblaue Bucht!
Zwei Segel sich schwellend
Zu ruhiger Flucht!

Wie eins in den Winden
Sich wölbt und bewegt,
Wird auch das Empfinden
Des andern erregt.

Begehrt eins zu hasten,
Das andre geht schnell,
Verlangt eins zu rasten,
Ruht auch sein Gesell.

CONRAD FERDINAND MEYER

STEINPILZ-RISOTTO

Rühren, rühren, rühren ist das Geheimnis eines guten Risottos. Ein sehr gutes Risotto wird allerdings erst mit der passenden Begleitung daraus. Würzige Steinpilze und süße Amarenakirschen sind da eine hervorragende Wahl.

FÜR DAS RISOTTO:
3 getrocknete Steinpilze
500 ml Gemüsebrühe
1 Zwiebel
2 Knoblauchzehen
3 EL Butter
200 g Risottoreis
100 ml Weißwein
250 g Steinpilze (frisch oder TK, dann aufgetaut; alternativ Kräuterseitlinge)
25 g Amarenakirschen (Glas, alternativ getrocknete Kirschen)
25 g Parmesan
2 TL Bio-Zitronenabrieb
frisch gemahlener schwarzer Pfeffer

AUSSERDEM:
frisch geriebener Parmesan

Die getrockneten Steinpilze in eine Schüssel geben und mit 100 ml heißem Wasser übergießen. 20 Minuten ziehen lassen, dann das Wasser abgießen und in einen Topf geben. Die Pilze grob hacken. Die Gemüsebrühe in den Topf mit dem Steinpilzsud geben und beides erhitzen.

Zwiebel und 1 Knoblauchzehe schälen, beides fein würfeln. 1 EL Butter in einem Topf schmelzen. Zwiebel und Knoblauch zugeben und unter gelegentlichem Rühren andünsten. Den Risottoreis und die getrockneten Steinpilze zugeben. Alles 2–3 Minuten anbraten, bis der Reis glasig ist. Dann mit dem Weißwein ablöschen, einmal aufkochen und unter Rühren 2 Minuten einköcheln lassen. Die Hitze reduzieren. Die Gemüsebrühe kellenweise zum Risotto geben, dabei regelmäßig umrühren. Neue Brühe immer dann angießen, wenn der Reis die bisherige Flüssigkeit vollständig aufgesaugt hat. Diesen Vorgang etwa 20 Minuten wiederholen, bis der Reis gar ist.

In der Zwischenzeit die frischen Steinpilze putzen und in Stücke schneiden. Den übrigen Knoblauch schälen und durch die Presse drücken oder fein hacken. 1 EL Butter in einer Pfanne erhitzen. Die Steinpilze und den Knoblauch zugeben, kurz kräftig anbraten. Die Amarenakirschen fein hacken, untermischen und kurz karamellisieren lassen. Mit Salz und Pfeffer würzen.

Den Parmesan reiben. Den Reis, sobald er bissfest ist, vom Herd nehmen und mit Salz und Pfeffer würzen. 1 EL Butter, 1 TL Zitronenabrieb und den Parmesan unterrühren, abgedeckt noch mal 5 Minuten durchziehen lassen. Risotto mit den gebratenen Steinpilzen, übrigem Zitronenabrieb und frisch geriebenem Parmesan servieren.

HONIG-KRÄUTER-LACHS
mit Fenchelsalat und Couscous

Die Garmethode im Backpapier-Päckchen wird auch „en papillote" genannt und sorgt dafür, dass das Lachsfilet ganz stressfrei gelingt, während ausreichend Zeit für die Zubereitung von Fenchelsalat und Perlcouscous als Beilage bleibt.

FÜR DEN LACHS:
400 g Lachsfilet mit Haut
1 Bio-Orange
¼ Bund gemischte Kräuter
1 Knoblauchzehe
35 g weiche Butter
½ TL Fenchelsamen
½ EL Honig
Salz
frisch gemahlener schwarzer Pfeffer
1 Zweig Rosmarin

FÜR DEN COUSCOUS:
150 g Perlcouscous
1 Schalotte
3 getrocknete Aprikosen
1 EL Olivenöl
350 ml Gemüsebrühe

FÜR DEN SALAT:
1 kleine Fenchelknolle
1 Orange
¼ Granatapfel
2 Stängel Dill
3 EL Apfelessig
2 EL Olivenöl
1 TL Honig
1 TL Senf
Salz
frisch gemahlener schwarzer Pfeffer

Den Backofen auf 180 °C vorheizen. Lachsfilet waschen und trocken tupfen. Die Hälfte der Orange in Scheiben schneiden, von der anderen Hälfte ½ TL Schale abreiben und 2 EL Saft auspressen.

Die Kräuter abbrausen, trocken tupfen und fein hacken. Die Knoblauchzehe schälen und durch die Knoblauchpresse drücken. Beides mit dem Orangenabrieb und der weichen Butter mischen. Die Fenchelsamen im Mörser grob zerstoßen, mit dem Orangensaft sowie Honig verquirlen und mit Salz und Pfeffer würzen.

2–3 Orangenscheiben in die Mitte eines Backpapierbogens legen und den Lachs darauf platzieren. Mit dem Orangen-Honig-Dressing beträufeln und die Kräuterbutter in Stücken darauf verteilen. Mit den übrigen Orangenscheiben und dem Rosmarin belegen. Das Backpapier über dem Lachs zusammenschlagen und an den Enden zusammendrücken. 25–30 Minuten im Ofen garen.

Währenddessen den Perlcouscous abspülen. Die Schalotte schälen und fein würfeln. Getrocknete Aprikosen in Stücke schneiden. 1 EL Olivenöl in einem Topf erhitzen, die Schalottenwürfel darin andünsten. Aprikosenwürfel und Perlcouscous 2 Minuten mitgaren, dann mit der Gemüsebrühe ablöschen. Bei niedriger Hitze 10–12 Minuten quellen lassen, bis der Couscous gar ist.

Für den Salat den Fenchel putzen, in feine Streifen schneiden und in eine Schüssel geben. Die Orange filetieren. Zusammen mit dem auslaufenden Saft zum Fenchel geben. Die Kerne aus dem Granatapfel lösen, den Dill abbrausen, trocken tupfen und die Spitzen grob hacken. Beides zum Fenchel geben. Für das Dressing Apfelessig, Olivenöl, Honig sowie Senf gründlich verrühren und mit Salz und Pfeffer würzen. Mit dem Salat mischen.

Den Lachs aus dem Backpapier-Päckchen holen und zusammen mit dem Perlcouscous und dem Salat anrichten.

ROTE-BETE-RAVIOLI
mit Zitronen-Ricotta-Mohn-Füllung

Auch ohne rosarote Brille sind diese Ravioli ein Farbspektakel – Rote-Bete-Saft machts möglich. Statt Brunnenkresse passen auch Rucola, Portulak oder Babyspinat ganz wunderbar zur frischen Füllung aus Mohn und Zitrone.

FÜR DEN TEIG:
150 g Pastamehl (Type 00) plus etwas zum Bearbeiten
65 ml Rote-Bete-Saft
2 EL Olivenöl
¾ TL Salz
1 Msp. frisch geriebene Muskatnuss

FÜR DIE FÜLLUNG:
50 g Parmesan
1 Ei
175 g Ricotta
1 TL Bio-Zitronenabrieb
1 EL gemahlener Mohn
Salz
frisch gemahlener schwarzer Pfeffer

AUSSERDEM:
½ Bund Brunnenkresse (ca. 50 g)
30 g Butter
etwas Zitronensaft
frisch geriebener Parmesan
frisch gemahlener schwarzer Pfeffer

Für den Teig alle Zutaten zu einem elastischen Nudelteig verkneten. In Folie gewickelt 1 Stunde ruhen lassen.

Für die Füllung den Parmesan fein reiben. Das Ei trennen, Eiweiß für später beiseitestellen. Eigelb mit den übrigen Zutaten verrühren.

Den Nudelteig mit einer Nudelmaschine oder dem Nudelholz zu zwei sehr dünnen Bahnen (ca. 50 x 15 cm) ausrollen. Die Arbeitsfläche dabei etwas bemehlen, sodass der Teig nicht kleben bleibt. Die Füllung in 18 kleinen Häufchen gleichmäßig auf der einen Teigbahn verteilen, rundherum mit etwas Eiweiß bepinseln. Dann mit der zweiten Teigbahn bedecken und um die Füllungen herum vorsichtig andrücken. Die Ravioli mit einem gewellten Teigrädchen ausschneiden und auf ein mit Mehl bestäubtes Küchentuch legen.

Die Brunnenkresse putzen, von den dicken Stielen befreien, waschen und trocken tupfen. Die Butter in einem kleinen Topf schmelzen. Die Ravioli in einem großen Topf mit siedendem Salzwasser ca. 3 Minuten garen. Vorsichtig abschöpfen, dann mit der flüssigen Butter und 1 Spritzer Zitronensaft beträufeln. Mit der Brunnenkresse, frisch geriebenem Parmesan und Pfeffer anrichten.

Du bist mein
Sonnenschein,
mein Mond und
alle meine Sterne.

COQ AU VIN

Beim ersten Bissen des zarten Hähnchens wird niemand darauf kommen, dass sich dieses Gericht praktisch von allein gekocht hat. Ist der Rotweinsud einmal angesetzt, übernimmt nämlich der Backofen die übrige Arbeit. Wer es noch unkomplizierter haben möchte, serviert statt Kürbisstampf einfach frisches Baguette dazu.

FÜR DAS COQ AU VIN:
*2 Hähnchenschenkel
mit Haut und Knochen
Salz
frisch gemahlener
schwarzer Pfeffer
ca. 3 EL Mehl
2 dicke Streifen Speck (ca. 80 g)
300 g Wurzelgemüse (z. B. Karotten, Pastinaken, Sellerie)
2 Schalotten
1 Knoblauchzehe
100 g Champignons
1 EL Butter
1 EL Tomatenmark
200 ml Rotwein
200 ml Geflügelfond
je 2 Zweige Rosmarin
und Thymian
2 Lorbeerblätter*

FÜR DEN KÜRBISSTAMPF:
*250 g Kartoffeln (mehligkochend)
250 g Hokkaidokürbis
75 ml Milch
20 g Butter
Salz
frisch gemahlener
schwarzer Pfeffer
frisch geriebene Muskatnuss
3 Salbeiblätter*

Den Backofen auf 180 °C vorheizen. Die Hähnchenschenkel waschen und trocken tupfen. Mit Salz und Pfeffer würzen und rundherum in Mehl wenden.

Den Speck in Streifen schneiden. Wurzelgemüse putzen, schälen, in mundgerechte Stücke schneiden. Schalotten und Knoblauch schälen, Champignons abreiben. Schalotten und Champions vierteln, den Knoblauch in feine Scheiben schneiden.

Die Butter in einem Bräter oder einer großen Pfanne erhitzen. Hähnchenschenkel darin rundherum knusprig anbraten. Herausnehmen, eventuell etwas Bratfett abschöpfen. Dann Speck, Schalotten, Knoblauch und Champignons in den Bräter geben und 3–5 Minuten andünsten. Tomatenmark und 1 EL Mehl einrühren. Mit Rotwein und Geflügelfond ablöschen. Aufkochen und 5 Minuten köcheln lassen. Dann das Hähnchen zusammen mit dem Wurzelgemüse und den Kräutern in die Soße geben und alles im vorgeheizten Ofen 50-60 Minuten schmoren lassen, bis das Fleisch sich zart vom Knochen löst.

Währenddessen für den Kürbisstampf die Kartoffeln schälen, den Kürbis von den Kernen befreien. Beides in Stücke schneiden. Die Kartoffeln in einen Topf mit Salzwasser geben, das Wasser zum Kochen bringen und die Kartoffeln darin etwa 20 Minuten garen. Nach 10 Minuten den Kürbis zufügen und mitgaren.

In der Zwischenzeit Milch und 1 TL Butter in einem Topf erhitzen. Kartoffeln und Kürbis abgießen, zur heißen Milch geben und mit einem Kartoffelstampfer zerkleinern. Mit Salz, Pfeffer und Muskatnuss würzen. Bei geringer Hitze warm halten.

Die übrige Butter in einer Pfanne zerlassen. Die Salbeiblätter in feine Streifen schneiden und in der Butter rundherum andünsten. Den Kürbisstampf mit der flüssigen Salbeibutter beträufeln und zu dem Coq au Vin servieren.

OFENKÄSE
mit Balsamico-Brombeeren

Für einen zu viel, für vier zu wenig – ein Ofenkäse ist für zwei gemacht. Auch wenn das Teilen bei dem süßsauren Brombeerkompott gar nicht so leicht fällt …

FÜR DEN OFENKÄSE:
1 Zweig Rosmarin
1 Camembert (250 g)
1 TL Honig
Salz
frisch gemahlener schwarzer Pfeffer

FÜR DIE BROMBEEREN:
100 g Brombeeren
1 EL Honig
1 Zweig Rosmarin
2 EL Balsamicoessig
1 Prise gemahlener Zimt
Salz
frisch gemahlener schwarzer Pfeffer

Den Backofen auf 200 °C vorheizen. Beide Rosmarinzweige abbrausen und trocken tupfen. Den Käse in eine mit Backpapier ausgelegte Auflaufform geben und im vorgeheizten Ofen ca. 10 Minuten backen.

Währenddessen die Brombeeren in einer Pfanne mit dem Honig beträufeln. Einen der Rosmarinzweige zugeben und die Beeren unter Rühren erhitzen, dann mit dem Balsamicoessig ablöschen. Mit Zimt, Salz und Pfeffer würzen, dann 5 Minuten köcheln lassen.

Nach 10 Minuten den Käse herausnehmen und rautenförmig einritzen. Vom übrigen Rosmarinzweig die Nadeln grob zerzupfen und zusammen mit dem Honig auf dem Käse verteilen, mit Salz und Pfeffer würzen. Weitere 5–8 Minuten backen.

Den Ofenkäse zusammen mit den Brombeeren servieren.

Ich will nicht nur leben – ich will zuerst lieben

Es gibt nichts auf der ganzen Welt, was ich will, außer dir und deiner kostbaren Liebe.

All die materiellen Dinge sind nichts. Ich würde es nur hassen, eine schmutzige, farblose Existenz zu sein, weil du mich dann immer weniger und weniger lieben würdest, und ich würde alles tun – alles –, um dein Herz für mich zu behalten.

Ich will nicht nur leben – ich will zuerst lieben und nebenbei leben ... Denke nicht – denke niemals an die Dinge, die du mir nicht geben kannst. Du hast mir das liebste Herz von allen anvertraut – und es ist so verdammt viel mehr, als irgendjemand anders auf der ganzen Welt jemals haben könnte.

ZELDA FITZGERALD AN F. SCOTT FITZGERALD, 1919

PINKE MIMOSAS

Der klassische Mimosa besteht aus Orangensaft und Champagner. Diese pinke Version hingegen wird mit beerigem Sirup und Grapefruitsaft zubereitet und bekommt so einen süßlich-herben Geschmack.

100 g Kirschen (frisch oder TK)
125 g Himbeeren (frisch oder TK)
50 g Zucker
½ Grapefruit
300 ml Prosecco oder Champagner

Kirschen halbieren und entsteinen. Zusammen mit 100 g Himbeeren, Zucker und 75 ml Wasser in einen kleinen Topf geben und aufkochen. 5 Minuten köcheln lassen, bis die Früchte zerfallen. Bei tiefgekühlten Früchten wird etwas weniger Wasser benötigt und die Kochzeit ist etwas länger. Dann die Mischung pürieren und durch ein sehr feines Sieb streichen. Vollständig auskühlen lassen. Die Grapefruit auspressen.

Je 2 EL Fruchtsirup und die übrigen Himbeeren in zwei Sektgläser füllen. Mit dem Prosecco oder Champagner und dem Grapefruitsaft auffüllen.

POCHIERTE BIRNE
mit Vanillesoße

Dieses Dessert spielt auf Zeit, denn je länger die Birnen im Weißweinsud baden, desto intensiver ihr Geschmack. Besonders, wenn die Früchte am Vortag gegart werden und über Nacht im Sud ziehen dürfen.

FÜR DIE BIRNEN:
1 Bio-Orange
1 Zimtstange
1 Sternanis
200 ml Weißwein
60 g Zucker
2 feste, mittelgroße Birnen

FÜR DIE VANILLESOSSE:
½ Vanilleschote
35 g Zucker
150 ml Milch
1 TL Speisestärke
100 ml Sahne
1 Eigelb

FÜR DIE NUSSBRÖSEL:
25 g Haselnüsse
25 g Semmelbrösel
1 TL gemahlener Zimt
1 ½ EL Zucker
35 g Butter

Die Orange heiß waschen. Mit einem Sparschäler 2 Streifen von der Schale abschälen, dann die Orange auspressen. Orangensaft, Orangenschale, Zimtstange, Sternanis, Weißwein und Zucker in einen kleinen Topf geben. Einmal aufkochen und rühren, bis der Zucker sich aufgelöst hat, dann die Hitze reduzieren. Die Birnen schälen und zum Weißweinsud in den Topf geben. Abgedeckt etwa 50 Minuten bei geringer Hitze ziehen lassen, dabei die Birnen immer wieder wenden. Je nach Sorte, Größe und Reifegrad kann die Garzeit der Birnen variieren.

Für die Vanillesoße die Vanilleschote längs aufschneiden und auskratzen. Mark und Schote zusammen mit dem Zucker und der Milch aufkochen, dann die Hitze reduzieren. Die Speisestärke mit der Sahne glatt rühren. Das Eigelb gründlich unterrühren, die Mischung unter ständigem Rühren zur Milch geben und einmal aufkochen lassen. Sobald die Soße eingedickt ist, vom Herd nehmen.

Die Haselnüsse sehr fein hacken. In einer Pfanne ohne Fett anrösten, bis sie zu duften beginnen. Dann die Semmelbrösel, Zimt, Zucker und Butter zugeben. Gelegentlich umrühren, bis die Butter geschmolzen und die Masse fein bröselig ist.

Die Birnen jeweils in eine Schale setzen und mit der Vanillesoße beträufeln. Die Haselnussbrösel darüberstreuen.

SCHOKOKÜCHLEIN
mit flüssigem Kern

Für den perfekten, flüssigen Schokokern ist das richtige Timing entscheidend: Die Küchlein müssen vor dem Backen gut durchgekühlt werden, dürfen nicht zu lange im Ofen bleiben und sollten im Anschluss sofort serviert werden.

FÜR DIE SCHOKOKÜCHLEIN:
30 g Butter plus etwas für die Förmchen
30 g Zartbitterschokolade
1 Ei
30 g Zucker
¼ TL Vanillepaste
15 g Mehl plus etwas für die Förmchen
1 EL ungesüßtes Kakaopulver
1 Prise Salz

AUSSERDEM:
2 ofenfeste Schälchen (Ø 8–10 cm)
etwas Puderzucker zum Bestäuben
100 g gemischte Beeren

Zwei kleine ofenfeste Förmchen mit Butter bepinseln und mit Mehl ausstäuben. Butter und Schokolade über dem heißen Wasserbad schmelzen. Das Ei mit dem Zucker und der Vanillepaste hell schaumig aufschlagen. Die Schokoladenbutter unterrühren.

Mehl, Kakao und Salz mischen. Unter die Schokomasse heben. Den Teig in die Förmchen füllen und abgedeckt für mindestens 2 Stunden kalt stellen.

Den Backofen auf 180 °C vorheizen. Die Küchlein ca. 10 Minuten backen. Der Kern sollte dabei flüssig bleiben. Noch warm auf Teller stürzen, mit Puderzucker bestäuben und mit frischen Beeren servieren.

Du gehst mit

Weißt du, ich will mich schleichen
leise aus lautem Kreis,
wenn ich erst die bleichen
Sterne über den Eichen
blühen weiß.
Wege will ich erkiesen,
die selten wer betritt
in blassen Abendwiesen –
und keinen Traum, als diesen:
Du gehst mit.

RAINER MARIA RILKE

DINNER
für frisch Verliebte

Der kürzeste Kurztrip aller Zeiten? Dieses Menü! Es schmeckt nach Sommer, Sonne und Urlaub und beim Braten der Garnelen weht einem förmlich die Meeresbrise um die Nase – perfekt für einen romantischen Abend zu zweit.

PASTA MIT GAMBAS

180 g Spaghetti oder Capellini
2 Knoblauchzehen
2 EL Olivenöl
200 g Riesengarnelen (küchenfertig, z. B. Tiger Prawns)
½ TL Chiliflocken (je nach gewünschter Schärfe auch etwas mehr oder weniger)
150 g Kirschtomaten
Meersalz
frisch gemahlener schwarzer Pfeffer
50 ml Weißwein
35 g getrocknete Tomaten (in Öl, abgetropft)
1 EL Kapern (Glas, abgetropft)
1 EL Zitronensaft
2 EL frisch gehackte Petersilie
1 Handvoll Rucola
frisch geriebener Parmesan

Die Pasta in reichlich kochendem Salzwasser nach Packungsanweisung garen. Währenddessen den Knoblauch schälen und in dünne Scheiben schneiden. Das Olivenöl in einer großen Pfanne erhitzen. Knoblauch, Garnelen und Chiliflocken zugeben, bei starker Hitze 3–4 Minuten kräftig anbraten. Nach der Hälfte der Zeit die Garnelen wenden und die Tomaten zugeben. Mit Salz und Pfeffer würzen. Mit dem Weißwein ablöschen, dann die Hitze reduzieren.

Die Nudeln abgießen, dabei etwas Kochwasser (ca. 30–50 ml) auffangen. Die getrockneten Tomaten in kleine Stücke schneiden. Zusammen mit Kapern, Zitronensaft und dem Kochwasser in die Pfanne geben. Noch einmal aufkochen, dann die Pasta mitsamt der Petersilie untermischen. Auf zwei Tellern mit Chiliflocken, Rucola und frisch geriebenem Parmesan anrichten.

GIN-COCKTAIL MIT ANANAS UND BASILIKUM

1 Bio-Limette
6 Stängel Basilikum
Eiswürfel
150 ml Ananassaft
4 cl Gin
etwa 200 ml Tonic Water

Die Limette heiß abwaschen und trocken tupfen. Die Hälfte der Limette auspressen, die andere Hälfte in Scheiben schneiden. Beides auf zwei Gläser verteilen und mit Eiswürfeln auffüllen. Basilikum zwischen den Händen leicht zerreiben oder anschlagen, sodass es sein Aroma besser entfalten kann. Ebenfalls in die Gläser geben. Ananassaft und Gin zufügen, dann mit je ca. 100 ml Tonic aufgießen.

SALTED CARAMEL AFFOGATO

FÜR DIE SALTED-
CARAMEL-SOSSE:
50 g Zucker
100 ml Sahne
25 g Butter
1 große Prise Meersalz

AUSSERDEM:
2 große Kugeln Vanilleeis
50 ml frisch gebrühter Espresso

Für die Salted-Caramel-Soße den Zucker in einem kleinen Topf langsam erhitzen und karamellisieren lassen. Sobald das Karamell eine goldbraune Farbe bekommt, die Sahne zugeben (Achtung, spritzt etwas). Köcheln lassen, bis sich das Karamell in der Sahne gelöst hat. Dabei regelmäßig umrühren. Dann die Butter unterrühren und schmelzen lassen. Schließlich das Meersalz zufügen und die Soße etwas abkühlen lassen.

Zum Servieren je 1 Kugel Vanilleeis in ein kleines Glas geben. Etwas Karamellsoße darauf verteilen und mit Espresso aufgießen. Sofort servieren.

♡

Genießen mit
FAMILIE
UND FREUNDEN

Ob eine Dinnerparty, ein großes Familienfest oder ein spontanes Treffen mit lieben Menschen – in geselliger Runde vergisst man nur allzu oft die Zeit, nicht aber den Hunger. Damit auch für den kulinarischen Rahmen gesorgt ist, findet ihr hier Rezepte für jeden Geschmack.

SÜßKARTOFFEL-PASTINAKEN-SUPPE
mit Apfel

Diese schnelle Suppe punktet nicht nur mit ihrer knalligen Farbe, sondern auch mit dem würzigen Geschmack von Pastinaken und der leicht säuerlichen Apfelnote. Bei den Toppings darf sich natürlich nach Lust und Laune ausgetobt werden.

FÜR DIE SUPPE:
350 g Pastinaken
2 Süßkartoffeln
1 Apfel
1 Zwiebel
1 Knoblauchzehe
1 Stück Ingwer (1 cm)
2 EL Olivenöl
750 ml Gemüsebrühe
200 ml Sahne
1 Prise gemahlener Zimt
¼ TL frisch geriebene Muskatnuss
Salz
frisch gemahlener schwarzer Pfeffer
1 Spritzer Zitronensaft

AUSSERDEM:
Granatapfelkerne
Schmand oder Crème fraîche
geriebener Apfel

Die Pastinaken, Süßkartoffeln und den Apfel waschen und schälen. In grobe Würfel schneiden. Zwiebel, Knoblauchzehe und Ingwer ebenfalls schälen und klein schneiden.

Olivenöl in einem großen Topf erhitzen. Das Gemüse zugeben und unter Rühren 3–5 Minuten andünsten. Mit der Gemüsebrühe ablöschen und 20–25 Minuten köcheln lassen, bis das Gemüse weich ist. Die Sahne zugeben und alles mit einem Pürierstab fein pürieren. Mit Zimt, Muskatnuss, Salz, Pfeffer und Zitronensaft würzen und mit Granatapfelkernen, Schmand und geriebenem Apfel garnieren.

GRÜNER SALAT
mit Ziegenkäsebällchen

Die fantastische Kombination aus Gurke, Blaubeeren und Ziegenkäse macht diesen Salat zu etwas ganz Besonderem. Als grüne Grundlage eignet sich Pflück- oder Wildkräutersalat ebenso wie junger Spinat oder Rucola.

FÜR DIE ZIEGENKÄSE-BÄLLCHEN:
150 g Ziegenfrischkäse
100 g Frischkäse
1 TL Bio-Zitronenabrieb
Salz
frisch gemahlener schwarzer Pfeffer
1 Bund Schnittlauch

FÜR DEN SALAT:
150 g Pflücksalat
1 kleine Salatgurke
150 g Blaubeeren
Saft von ½ Bio-Zitrone
3 EL heller Balsamicoessig
1 TL Senf
½ EL Honig
4 EL Öl
2 Frühlingszwiebeln
1 EL Schwarzkümmelöl

Für die Ziegenkäsebällchen den Ziegenfrischkäse, Frischkäse sowie Zitronenabrieb verrühren, mit Salz und Pfeffer würzen. Den Schnittlauch abbrausen, trocken tupfen und in feine Röllchen schneiden. Aus der Masse Bällchen formen und diese im Schnittlauch wälzen. Die fertigen Bällchen kalt stellen.

Den Pflücksalat waschen und trocken schleudern. Die Gurke mit einem Sparschäler längs in dünne Streifen schälen. In einer Schüssel mit dem Pflücksalat und den Blaubeeren mischen. Für das Dressing Zitronensaft, hellen Balsamico, Senf und Honig verquirlen. Die Frühlingszwiebeln putzen, in feine Ringe schneiden und untermischen.

Den Salat mit dem Dressing mischen, mit den Ziegenkäsebällchen anrichten und mit etwas Schwarzkümmelöl beträufeln.

Liebe ist Freundschaft vom Kopf bis zu den Füßen.

FRIEDRICH VON SCHLEGEL

HONIG-TOMATEN-SALAT
mit Burrata

Wer hier mit dem Klassiker Tomate-Mozzarella rechnet, für den hält dieser Salat so einiges an Überraschungen parat. Denn er wird ofenwarm serviert, die Tomaten sind honigsüß mariniert und die Burrata rundet diesen Geschmack durch ihre Cremigkeit perfekt ab.

750 g Kirschtomaten
1 rote Zwiebel
1 Knoblauchzehe
½ EL Honig
4 EL Olivenöl
½ TL getrockneter Oregano
Salz
frisch gemahlener schwarzer Pfeffer
1 Bund Basilikum
2 EL heller Balsamicoessig
2 Kugeln Burrata

Den Backofen auf 220 °C vorheizen. Die Kirschtomaten in eine Auflaufform geben. Die Zwiebel schälen, in Ringe schneiden und mit den Tomaten mischen. Die Knoblauchzehe schälen und durch eine Presse drücken. Mit dem Honig, 2 EL Olivenöl und Oregano verrühren und auf die Tomaten träufeln. Mit Salz und Pfeffer würzen und im Ofen 15–20 Minuten rösten. Währenddessen das Basilikum abbrausen, trocken schütteln und die Blättchen von den Stängeln zupfen.

Balsamicoessig mit dem restlichen Olivenöl verquirlen. Mit den gerösteten Tomaten und dem beim Rösten ausgetretenen Saft mischen. Den Tomatensalat mit der Burrata und den Basilikumblättchen anrichten.

FLAMMKUCHEN
mit Apfel und Brie

Ob zur Vorspeise oder mit einem bunten Salat als Hauptgang – üppig belegt und mit knusprigem Boden ist dieser Flammkuchen immer eine gute Wahl. Die Möglichkeiten, den selbst gemachten Teig zu belegen, sind beinahe unendlich. Diese Variante mit Apfel und Brie ist ein herbstlicher Vorschlag.

FÜR DEN TEIG:
450 g Dinkelmehl (Type 630) plus etwas für die Arbeitsfläche
1 TL Salz
5 EL Olivenöl
2 Eigelb

FÜR DEN BELAG:
200 g Schmand
100 g Crème fraîche
1 TL Senf
Salz
frisch gemahlener schwarzer Pfeffer
1 große rote Zwiebel
2 Äpfel
200 g Brie
35 g Walnusskerne
50 g Wildpreiselbeeren (Glas)

Für den Teig Mehl und Salz mischen. Mit 4 EL Öl, Eigelben und 200 ml Wasser zu einem glatten Teig verkneten. Diesen mit dem übrigen Öl bepinseln und bei Zimmertemperatur 30 Minuten ruhen lassen.

Für die Füllung Schmand, Crème fraîche sowie Senf verrühren, mit Salz und Pfeffer würzen. Die Zwiebel schälen und in Ringe schneiden. Kerngehäuse von den Äpfeln ausstechen und die Äpfel in dünne Scheiben schneiden. Brie ebenfalls in Scheiben schneiden. Walnüsse grob hacken.

Den Backofen auf 230 °C vorheizen. Zwei Backbleche mit Backpapier belegen. Den Flammkuchenteig in zwei Teile teilen, die Arbeitsfläche bemehlen. Die Teiglinge jeweils auf die Größe eines Backblechs ausrollen. Dann auf die vorbereiteten Bleche legen und mit der Schmandcreme bestreichen. Mit Zwiebelringen, Äpfeln, Brie und Walnüssen belegen. Die Wildpreiselbeeren kleckseise auf dem Belag verteilen. Die beiden Bleche nacheinander je 10–12 Minuten backen.

Einen Menschen wissen,
der dich ganz versteht,
der in Bitternissen
immer zu dir steht,
der auch deine Schwächen
liebt, weil du bist sein;
dann mag alles brechen,
du bist nie allein.

MARIE VON EBNER-ESCHENBACH

WEISSE LASAGNE
mit Artischocken

Diese Lasagne wird nur mit Béchamelsoße gemacht, Tomatensoße hat hier nichts zu suchen. Denn seien wir mal ehrlich, die Béchamel ist sowieso das Beste am ganzen Gericht! Das grüne Zucchinipesto sorgt für ein wenig Frische und Farbe.

FÜR DAS ZUCCHINIPESTO:
20 g Parmesan
1 kleine Zucchini
25 g Pinienkerne
½ Bund Basilikum
1 TL Zitronensaft
1 EL Olivenöl
Salz
frisch gemahlener schwarzer Pfeffer

FÜR DIE LASAGNE:
30 g Parmesan
50 g Butter
35 g Mehl
400 ml Milch
350 ml Gemüsebrühe
Salz
frisch gemahlener schwarzer Pfeffer
¼ TL frisch geriebene Muskatnuss
1 Zwiebel
75 g Lauch
1 Fenchelknolle
1 TL getrockneter Estragon
100 g dicke Bohnen (geschält, frisch oder Glas)
140 g eingelegte Artischocken (Glas)
150 g Scamorza (alternativ Mozzarella)
250 g Lasagneplatten
2 Stängel Basilikum

Für das Zucchinipesto den Parmesan reiben. Die Zucchini raspeln und mit den Händen gut ausdrücken. Pinienkerne in einer Pfanne ohne Fett anrösten. Basilikum abbrausen, trocken schütteln und die Blättchen von den Stängeln zupfen. Zusammen mit Zucchiniraspeln, Pinienkernen und Zitronensaft zu einem feinen Pesto pürieren. Zum Schluss den geriebenen Parmesan und das Olivenöl kurz untermixen. Mit Salz und Pfeffer würzen. Den Backofen auf 180 °C vorheizen.

Für die Lasagne den Parmesan reiben. 35 g Butter in einem kleinen Topf zerlassen. Mit dem Mehl bestäuben, kurz anschwitzen. 1 Schuss Milch zugießen und mit der Mehlpaste glatt rühren. Dann unter Rühren die restliche Milch sowie die Gemüsebrühe zugießen. Die Soße einmal aufkochen, dann vom Herd nehmen. Den Parmesan unterrühren und mit Salz, Pfeffer sowie Muskatnuss würzen.

Die Zwiebel schälen, den Lauch putzen und beides in dünne Ringe schneiden. Fenchel putzen und in feine Scheiben schneiden. Restliche Butter in einer Pfanne erhitzen, Fenchel, Zwiebel und Lauch darin 5 Minuten andünsten. Mit Salz, Pfeffer und getrocknetem Estragon würzen.

Die dicken Bohnen in siedendem Salzwasser 2–3 Minuten garen. Eingelegte Artischockenherzen in Stücke schneiden. Den Scamorza reiben.

Zum Schichten der Lasagne zuerst etwas Béchamelsoße in einer Auflaufform verstreichen. Mit einer Schicht Lasagneplatten belegen. Dann abwechselnd Béchamelsoße, Gemüse und Lasagneplatten stapeln, das Zucchinipesto dabei klecksweise zwischen dem Gemüse verteilen. Für die letzte Schicht lediglich Béchamelsoße auf den Nudelplatten verteilen, den geriebenen Käse darüberstreuen. Die Lasagne im vorgeheizten Ofen 45–55 Minuten backen. Das Basilikum abbrausen, trocken tupfen, die Blättchen abzupfen und vor dem Servieren auf der Lasagne verteilen.

FORELLE
im Rotweinsud

Diese Forelle wird aus gutem Grund mit selbst gemachtem Kräuterbaguette serviert. Damit lässt sich die köstliche Rotweinsoße nämlich besonders gut auftunken. Alternativ passen aber auch Salzkartoffeln wunderbar.

FÜR DAS KRÄUTERBAGUETTE:
1 Bund gemischte Kräuter
2 Knoblauchzehen
75 g weiche Butter
Meersalz
Chiliflocken
1 Baguette

FÜR DIE FORELLEN:
4 Forellen (küchenfertig)
Salz
frisch gemahlener schwarzer Pfeffer
½ Bio-Orange
ca. 500 ml Rotwein
2 Lorbeerblätter
6 Zweige Thymian
2 Zweige Rosmarin
1 TL Nelken (ganz)
1 Karotte
1 Stange Staudensellerie
2 Schalotten
1 EL Butter
1 EL Mehl
150 ml Gemüsebrühe
1 EL Ahornsirup

Den Backofen auf 200 °C vorheizen. Für das Kräuterbaguette die Kräuter abbrausen, trocken tupfen und fein hacken. Den Knoblauch schälen und durch eine Knoblauchpresse drücken. Beides mit der Butter vermengen. Mit Meersalz und Chiliflocken würzen. Das Baguette mehrmals einschneiden, die Kräuterbutter in die Einschnitte streichen.

Die Forellen waschen, trocken tupfen und von innen und außen mit Salz und Pfeffer würzen. Die Orange heiß abwaschen, trocken tupfen, in Scheiben schneiden und die Forellen damit füllen. Die Fische in eine Auflaufform legen und so viel Rotwein angießen, dass die Forellen rundherum davon umgeben sind. Lorbeerblätter, Thymian, Rosmarin und Nelken zufügen und die Fische im Ofen 18–20 Minuten garen. In den letzten 5 Minuten das Kräuterbaguette mitbacken.

Während der Fisch im Ofen ist, die Karotte putzen, schälen und in schräge Scheiben schneiden. Die Selleriestange putzen und in dünne Scheiben schneiden. Die Schalotten schälen und vierteln.

Die fertig gegarten Forellen aus dem Sud nehmen und in der Resthitze des ausgeschalteten Ofens warm halten. Den Rotweinsud durch ein Sieb gießen. Die Butter in einem Topf erhitzen, das Gemüse darin andünsten. Das Mehl einrühren, dann mit dem Rotweinsud und der Gemüsebrühe ablöschen. Mit Salz, Pfeffer und Ahornsirup würzen. Aufkochen und köcheln lassen, bis die Soße etwas eingedickt ist. Dann zusammen mit den Forellen und dem Kräuterbaguette servieren.

Was zu Herzen gehen soll, muss von Herzen kommen.

JEAN-JACQUES ROUSSEAU

ROASTBEEF
mit grünem Kartoffelsalat

Auch außerhalb Frankfurts hat die berühmte Grüne Soße viele Freunde – zum Beispiel diesen Kartoffelsalat mit zartrosa Roastbeef, das in die Soße gedippt ganz besonders gut schmeckt.

FÜR DAS ROASTBEEF:
800 g Roastbeef
Salz
frisch gemahlener schwarzer Pfeffer
20 g Butterschmalz
2 Knoblauchzehen
1 EL körniger Senf
2 EL Olivenöl

FÜR DEN KARTOFFELSALAT:
800 g junge Kartoffeln
100 g grüne Bohnen
1 Bund Kräuter für Frankfurter Grüne Soße
200 g saure Sahne
Salz
frisch gemahlener schwarzer Pfeffer
1 TL Senf
3 EL Weißweinessig
½ Bund Radieschen
2 Frühlingszwiebeln
2 Eier (Größe M)

Das Roastbeef 1 Stunde vorher aus dem Kühlschrank holen, damit es Zimmertemperatur annehmen kann. Dann den Backofen auf 140 °C vorheizen. Das Fleisch unter fließendem Wasser abspülen, dann trocken tupfen. Rundherum mit Salz und Pfeffer würzen. Butterschmalz in einer Pfanne erhitzen. Das Fleisch darin von allen Seiten kräftig anbraten, bis das Fleisch eine braune Kruste hat. Den Knoblauch schälen und durch eine Knoblauchpresse drücken. Mit dem körnigen Senf und dem Olivenöl verquirlen. Das Roastbeef damit einstreichen. Dann im Ofen etwa 50 Minuten garen (bis zu einer Kerntemperatur von 55 °C). Das Fleisch sollte bei Druck auf die Oberfläche noch leicht nachgeben und der austretende Fleischsaft beim Anstechen zartrosa sein.

Für den Kartoffelsalat die Kartoffeln waschen und in einem Topf mit Salzwasser in 15–20 Minuten weich garen. Die Bohnen putzen und in den letzten 8 Minuten mitgaren. Anschließend alles abgießen, abschrecken und die Kartoffeln in mundgerechte Stücke schneiden.

Während die Kartoffeln kochen, die Kräuter abbrausen, trocken tupfen und die Blättchen von den Stängeln zupfen. Einige Blättchen für später beiseitelegen. Die übrigen Kräuter zusammen mit der sauren Sahne in ein hohes Gefäß geben und mit dem Pürierstab fein pürieren. Mit Salz, Pfeffer und Senf würzen, dann den Essig unterrühren.

Die Radieschen waschen, vom Grün befreien und vierteln. Die Frühlingszwiebeln putzen und in Ringe schneiden. Die Eier in einem Topf mit Wasser 8 Minuten wachsweich kochen. Kalt abschrecken, dann pellen und vierteln.

Kartoffeln, Bohnen, Frühlingszwiebeln und Radieschen in einer Schüssel mit dem Dressing mischen. Eier und übrige Kräuterblättchen darauf verteilen.

Das Roastbeef nach Ende der Garzeit aus dem Ofen nehmen, in Alufolie wickeln und 10 Minuten ruhen lassen. Dann dünn aufschneiden und mit dem Kartoffelsalat servieren.

MOUSSE AU CHOCOLAT

Darfs noch ein Dessert oder ein Espresso sein? Oder vielleicht sogar beides?
Diese Mousse au Chocolat kommt mit kleinem Koffein-Kick und großem
Sahneklecks daher.

FÜR DIE MOUSSE:
150 g Zartbitterschokolade
35 g Butter
2 sehr frische Eier (Größe M)
1 Prise Salz
25 g Zucker
25 ml Espresso
1 EL Rum
100 ml Sahne

AUSSERDEM:
100 ml Sahne
25 g Schokoraspel

Schokolade grob hacken, zusammen mit der Butter über dem Wasserbad schmelzen. Die Eier trennen. Eiweiße mit 1 Prise Salz steif schlagen. Eigelbe mit dem Zucker hell schaumig aufschlagen. Erst Espresso und Rum, dann die geschmolzene Butter-Schokoladen-Mischung unterrühren. Den Eischnee vorsichtig unterheben. Die Sahne steif schlagen und ebenfalls unterheben.

Mousse in eine große Schale oder mehrere kleine Schälchen füllen und mindestens 4 Stunden im Kühlschrank fest werden lassen.

Zum Servieren die übrige Sahne steif schlagen. Die Mousse mit Sahne und Schokoraspeln garnieren.

Zitronen-Prosecco-SORBET

Dieses erfrischend saure Sorbet lässt sich problemlos ohne Eismaschine zubereiten – vorausgesetzt, man schenkt ihm anfangs ein wenig Aufmerksamkeit, indem man die Sorbetmasse von Zeit zu Zeit durchrührt.

2 Bio-Zitronen
150 g Zucker
1 Orange
250 ml Prosecco
2 Eiweiß

Die Zitronen heiß abwaschen und trocken tupfen. 1 TL Schale abreiben. Diese mit dem Zucker und 100 ml Wasser in einen Topf geben. Aufkochen und 3 Minuten köcheln lassen, bis sich der Zucker aufgelöst hat. Vom Herd nehmen und abkühlen lassen.

Die Zitronen und die Orange auspressen. Den Saft mit dem abgekühlten Zuckersirup und dem Prosecco in einer tiefen Auflaufform (20 x 30 cm) mischen.

Die Eiweiße halb steif schlagen, ebenfalls in die Form geben und vorsichtig unterheben. Zu diesem Zeitpunkt ist es normal, dass sich Eiweiß und Saft noch nicht vollständig vermengen lassen.

Die Masse für mindestens 4 Stunden einfrieren. Dabei nach 45, 60 und 90 Minuten jeweils einmal durchrühren. Mit jedem Mal sollte sich das Eiweiß besser untermischen lassen, bis schließlich eine glatte Sorbetmasse entstanden ist. Alternativ kann das Sorbet auch in der Eismaschine zubereitet werden.

Zum Servieren einen Eisportionierer in heißes Wasser tauchen und aus der Sorbetmasse Kugeln abstechen.

O glücklich, wer ein Herz gefunden,
das nur in Liebe denkt und sinnt,
und, mit der Liebe treu verbunden,
sein schönres Leben erst beginnt.

HOFFMANN VON FALLERSLEBEN

Gemeinsames ABENDESSEN

Ob Freunde, Familie oder Bekannte – bei Lammkarree, Ratatouilleauflauf und Pfirsich-Prosciutto-Spießen wird garantiert jeder fündig, satt und zufrieden.

PFIRSICH-PROSCIUTTO-SPIESSE

FÜR DIE SPIESSE:
2 reife Pfirsiche
8 Scheiben Prosciutto
8 Basilikumblättchen
8 Mini-Mozzarella-Kugeln
frisch gemahlener
schwarzer Pfeffer

AUSSERDEM:
8 Holzspieße
Basilikum zum Anrichten

Die Pfirsiche halbieren, den Stein entfernen und das Fruchtfleisch in 8 Spalten schneiden. Jeweils 1 Pfirsichspalte, 1 Scheibe Prosciutto, 1 Basilikumblättchen und 1 Mozzarellakugel auf einen Holzspieß stecken. Auf einer Platte mit etwas frisch gemahlenem Pfeffer und grob zerzupftem Basilikum anrichten.

RATATOUILLEAUFLAUF

1 Aubergine
1 grüne Zucchini
1 gelbe Paprikaschote
2 Tomaten
Salz
1 Zwiebel
2 Knoblauchzehen
3 EL Olivenöl
1 EL Tomatenmark
2 EL Balsamicoessig
400 g passierte Tomaten
1 TL getrockneter Oregano
frisch gemahlener
schwarzer Pfeffer
½ TL getrockneter Rosmarin
½ TL getrockneter Thymian
50 g Feta
1 Handvoll Basilikum

Den Backofen auf 200 °C vorheizen. Aubergine, Zucchini, Paprika und Tomaten putzen und in dünne Scheiben schneiden. Auberginen- und Zucchinischeiben mit Salz bestreuen und 5 Minuten ziehen lassen, dann das ausgetretene Wasser mit einem Küchentuch abtupfen.

Zwiebel und Knoblauch schälen und fein würfeln. 1 EL Olivenöl in einer Pfanne erhitzen, Zwiebel und Knoblauch darin andünsten. Tomatenmark einrühren, mit dem Balsamicoessig ablöschen. Die passierten Tomaten zugeben, einmal aufkochen und anschließend mit Oregano, Salz und Pfeffer würzen.

⅔ der Tomatensoße in einer Auflaufform verteilen. Die Gemüsescheiben abwechselnd fächerförmig darauf verteilen. Dann die übrige Tomatensoße darübergießen. Mit Rosmarin und Thymian bestreuen und mit dem restlichen Olivenöl beträufeln. Im vorgeheizten Ofen 45 Minuten backen. Den Feta grob zerbröseln und nach etwa 20 Minuten auf dem Ratatouilleauflauf verteilen.

Basilikum abbrausen, trocken tupfen und den Auflauf damit garnieren.

LAMMKARREE MIT KRÄUTERKRUSTE UND POLENTASCHNITTEN

FÜR DIE POLENTASCHNITTEN:
350 ml Milch
200 ml Gemüsebrühe
2 EL Butter
200 g Polenta
Salz
frisch geriebene Muskatnuss
20 g frisch geriebener Parmesan
5 Salbeiblättchen

FÜR DAS LAMM:
1 Bund glatte Petersilie
1 Knoblauchzehe
1 EL Dijon-Senf
50 g Semmelbrösel
30 g frisch geriebener Parmesan
35 g weiche Butter
2 Lammkarrees à ca. 400 g
2 EL Öl
Salz
frisch gemahlener schwarzer Pfeffer

Für die Polentaschnitten Milch, Gemüsebrühe und 1 EL Butter in einem Topf erhitzen, die Polenta zugeben und unter Rühren aufkochen. Mit Salz und Muskatnuss würzen und zugedeckt 10 Minuten quellen lassen. Den Parmesan einrühren. Die Masse zwischen zwei Bögen Backpapier etwa 1 cm dick ausrollen. 20–30 Minuten abkühlen lassen.

Währenddessen für das Lammkarree den Backofen auf 200 °C vorheizen. Die Petersilie abbrausen, trocken schütteln und sehr fein hacken. Den Knoblauch schälen und durch eine Knoblauchpresse drücken. Beides mit Senf, Semmelbröseln, Parmesan und weicher Butter mischen. Beiseitestellen.

Die Lammkarrees waschen, trocken tupfen und rundherum mit Salz und Pfeffer würzen. Das Öl in einer Pfanne erhitzen, die Lammkarrees darin von beiden Seiten scharf anbraten. In eine Auflaufform geben und 20 Minuten im vorgeheizten Ofen garen. Dabei nach 10 Minuten die Kräuterkruste auf dem Fleisch verteilen und etwas andrücken. Nach Ende der Garzeit aus dem Ofen nehmen, vorsichtig in Alufolie wickeln und 5–10 Minuten ruhen lassen.

Währenddessen die fest gewordene Polenta in rautenförmige Stücke schneiden. Den Salbei grob hacken und mit der restlichen Butter in einer großen Pfanne erhitzen. Die Polentaschnitten unter einmaligem Wenden darin anbraten. Mit dem Lamm servieren.

LIMONCELLO SPRITZ

50 ml Holunderblütensirup
6 cl Limoncello
Eiswürfel
500 ml Sekt
200 ml Mineralwasser
Minzblätter

Holunderblütensirup und Limoncello auf vier Gläser verteilen. Eiswürfel zugeben, mit Sekt und Mineralwasser aufgießen und mit etwas frischer Minze garnieren.

A

Amarenakirschen 110
Ananassaft
   Gin-Cocktail mit Ananas
   und Basilikum 135
Apfel
   Flammkuchen mit Apfel
   und Brie 147
   Süßkartoffel-Pastinaken-Suppe
   mit Apfel 138
Apfelgalettes mit Thymian 45
Apfelessig 78, 113
Aprikosen
   Honig-Kräuter-Lachs mit
   Fenchelsalat und Couscous 113
   Schnelle Dinkelbrötchen
   mit Aprikosenkonfitüre 38
Artischocken
   Weiße Lasagne mit
   Artischocken 150
Aubergine
   Einfaches Curry mit
   buntem Gemüse 72
   Penne Arrabiata mit Feta
   und Antipasti 84
   Ratatouilleauflauf 166
Avocado
   Caesar Salad mit
   Parmesan-Hähnchen 107
   Schnelle Dinkelbrötchen
   mit Lachs 38

B

Bacon
   Coq au Vin 119
   Sandwich mit Erbsencreme
   und Bacon 66
Baguette 101, 107, 153
Balsamico 78, 84, 141, 144
   Ofenkäse mit Balsamico-
   Brombeeren 120
Bananen-Erdnuss-Oats 30
Bärlauch-Flädlesuppe 104
Basilikum 84, 135, 144, 150, 166
Basmatireis
   Einfaches Curry mit
   buntem Gemüse 72

Birne
   Gebackene Birnenhälften
   mit Gorgonzola 90
   Pochierte Birne mit
   Vanillesoße 126
Blaubeeren 141
Blumenkohl 100
Bohnen 75, 150, 156
Brot
   Sandwich mit Erbsencreme
   und Bacon 66
Brombeeren
   Ofenkäse mit Balsamico-
   Brombeeren 120
Brownie Cookies 63
Brunnenkresse 114
Burrata
   Honig-Tomaten-Salat
   mit Burrata 144
Butterkekse
   Joghurt-Pannacotta
   mit Erdbeeren 94

C

Caesar Salad mit Parmesan-
Hähnchen 107
Champagner
   Pinke Mimosas 125
Champignons
   Coq au Vin 119
   Sauerteigbrot mit Ricotta
   und Pilzen 24
Charcuterie-Käseplatte 101
Chocolate Chip Pancakes 18
Cider
   Quitten-Cider-Drink 101
Couscous
   Honig-Kräuter-Lachs mit
   Fenchelsalat und Couscous 113
Cracker 101
Croque Madame 21

D

Datteln
   Kleine Fladenbrote mit
   Dattel-Walnuss-Dip 93
Dicke Bohnen 150
Dill 27, 38, 113

E

Einfaches Curry mit
buntem Gemüse 72
Erbsen
   Bärlauch-Flädlesuppe 104
   Sandwich mit Erbsencreme
   und Bacon 66
Erdbeeren
   Granola-Bowl mit
   Rhabarber-Tonka-Kompott 12
   Joghurt-Pannacotta mit
   Erdbeeren 94
Erdbeerkonfitüre
   Handpies 48
Erdnüsse
   Bananen-Erdnuss-Oats 30
Espresso
   Salted Caramel Affogato 135
   Mousse au Chocolat 159
Estragon 150

F

Feigen 101
Feldsalat
   Krautspätzle mit Bergkäse
   und Feldsalat 78
Fenchel
   Honig-Kräuter-Lachs mit
   Fenchelsalat und Couscous 113
   Weiße Lasagne mit
   Artischocken 150
Feta
   Greek-Style-Omelett 33
   Penne Arrabiata mit Feta
   und Antipasti 84
   Ratatouilleauflauf 166
Flammkuchen mit Apfel
und Brie 147
Forelle in Rotweinsud 153
Frankfurter Grüne Soße 156
French Toast mit Himbeeren
und Kokos 15
Friands mit Kirschen 60
Frischkäse
   Charcuterie-Käseplatte 101
   Gefüllte Croissants 39
   Grüner Salat mit Ziegen-
   käsebällchen 141
   Karottentörtchen 57

Kleine Fladenbrote mit
Dattel-Walnuss-Dip   93
Sandwich mit Erbsencreme
und Bacon   66
Schnelle Dinkelbrötchen
mit Lachs   38
Frühlingszwiebel   27, 33, 87,
                            141, 156

G

Gebackene Birnenhälften
mit Gorgonzola   90
Gefüllte Croissants   39
Gefüllte Paprika mit
Kartoffelwedges   75
Gegrillter Pfirsich mit Joghurt
und Sesamcrunch   39
Gemischte Kräuter   39, 113, 153
Gin-Cocktail mit Ananas
und Basilikum   135
Ginger Beer   101
Gorgonzola
    Gebackene Birnenhälften
    mit Gorgonzola   90
    Granola-Bowl mit Rhabarber-
    Tonka-Kompott   12
Granatapfel   100, 113, 138
Grapefruit
    Pinke Mimosas   125
Greek-Style-Omelett   33
Grissini   101
Grüne Shakshuka   27
Grüner Salat mit Ziegen-
käsebällchen   141
Gurke   100, 141

H

Haferflocken
    Gegrillter Pfirsich mit Joghurt
    und Sesamcrunch   39
    Granola Bowl mit Rhabarber-
    Tonka-Kompott   12
    Overnight Oats in
    drei Varianten   30
    Schnelle Dinkelbrötchen
    mit Aprikosenkonfitüre
    oder Lachs   38

Hähnchen
    Caesar Salad mit Parmesan-
    Hähnchen   107
    Coq au Vin   119
Geflügelfond   119
Handpies   48
Haselnüsse
    Apfelgalettes mit Thymian   45
    Gebackene Birnenhälften
    mit Gorgonzola   90
    Pastinaken-Gnocchi mit gebräunter
    Butter und Haselnüssen   81
    Pochierte Birne mit
    Vanillesoße   126
Hefe   51, 93
Himbeerkonfitüre   30
Himbeeren
    French Toast mit Himbeeren
    und Kokos   15
    Himbeer-Passionsfrucht-Oats   30
    Gegrillter Pfirsich mit Joghurt
    und Sesamcrunch   39
    Mini-Biskuit-Törtchen
    mit Himbeersahne   54
    Pinke Mimosas   125
Holunderblütensirup   167
Honig
    Himbeer-Passionsfrucht-Oats   30
    Honig-Kräuter-Lachs mit
    Fenchelsalat und Couscous   113
    Gebackene Birnenhälften
    mit Gorgonzola   90
    Gegrillter Pfirsich mit Joghurt
    und Sesamcrunch   39
    Grüner Salat mit Ziegen-
    kasebällchen   141
    Honig-Tomaten-Salat
    mit Burrata   144
    Ofenkäse mit Balsamico-
    Brombeeren   120
Hummusteller   100

I

Ingwer   57, 72, 138

J

Joghurt
    Einfaches Curry mit
    buntem Gemüse   72
    French Toast mit Himbeeren
    und Kokos   15
    Gegrillter Pfirsich mit Joghurt
    und Sesamcrunch   39
    Granola-Bowl mit Rhabarber-
    Tonka-Kompott   12
    Joghurt-Pannacotta
    mit Erdbeeren   94
    Kleine Fladenbrote mit
    Dattel-Walnuss-Dip   93
    Overnight Oats in
    drei Varianten   30

K

Kakao
    Bananen-Erdnuss-Oats   30
    Brownie Cookies   63
    Chocolate Chip Pancakes   18
    Schokoküchlein mit
    flüssigem Kern   129
    Zimtschnecken-Herzen   51
Karotten   72, 119
    Bärlauch-Flädlesuppe   104
    Forelle in Rotweinsud   153
    Karottentarte mit
    Ziegenfrischkäse   87
    Karottentörtchen   57
    Mini-Quiches mit Spinat
    und Vanillemöhren   69
Käse
    Charcuterie-Käseplatte   101
    Croque Madame   21
    Flammkuchen mit Apfel
    und Brie   147
    Krautspätzle mit Bergkäse
    und Feldsalat   78
    Ofenkäse mit Balsamico
    Brombeeren   120
Kichererbsen
    Hummusteller   100
Kirschen   110, 125
    Friands mit Kirschen   60
Kleine Fladenbrote mit
Dattel-Walnuss-Dip   93

Kokos	12, 39, 57, 72
French Toast mit Himbeeren und Kokos	15
Kokos-Oats	30
Koriander	27, 72, 100
Krautspätzle mit Bergkäse und Feldsalat	78

L

Lachs	
Honig-Kräuter-Lachs mit Fenchelsalat und Couscous	113
Schnelle Dinkelbrötchen mit Lachs	38
Lammkarree mit Kräuterkruste und Polentaschnitten	167
Laugencroissants	
Gefüllte Croissants	39
Limette	72, 135
Limoncello Spritz	167

M

Mais	75
Mandelmus	39
Mango	30, 72
Marzipan	48
Meerrettich	38
Mini-Biskuit-Törtchen mit Himbeersahne	54
Mini-Quiches mit Spinat und Vanillemöhren	69
Minze	66, 167
Mohn	114
Mousse au Chocolat	159
Mozzarella	66, 150, 166

N

Nüsse, gemischt	12, 101

O

Ofenkäse mit Balsamico-Brombeeren	120
Oliven	33, 101
Orange	38, 101, 113, 126, 153, 160
Oregano	33, 84, 144, 166
Overnight Oats in drei Varianten	30

P

Paprika	72, 93, 107
Gefüllte Paprika mit Kartoffelwedges	75
Grüne Shakshuka	27
Penne Arrabiata mit Feta und Antipasti	84
Ratatouilleauflauf	166
Parmesan	39, 81, 110, 114, 134, 150, 167
Caesar Salad mit Parmesan-Hähnchen	107
Passionsfrüchte	
Himbeer-Passionsfrucht-Oats	30
Pasta	
Pasta mit Gambas	134
Penne Arrabiata mit Feta und Antipasti	84
Weiße Lasagne mit Artischocken	150
Pastinaken	119
Süßkartoffel-Pastinaken-Suppe mit Apfel	138
Pastinaken-Gnocchi mit gebräunter Butter und Haselnüssen	81
Peperoni	33
Pesto	
Sandwich mit Erbsencreme und Bacon	66
Weiße Lasagne mit Artischocken	150
Petersilie	27, 39, 93, 100, 107, 110, 134, 167
Pfirsich	
Gegrillter Pfirsich mit Joghurt und Sesamcrunch	39
Pfirsich-Prosciutto-Spieße	166
Pflücksalat	141
Pilze	
Sauerteigbrot mit Ricotta und Pilzen	24
Steinpilz-Risotto	110

Pinienkerne	150
Pinke Mimosas	125
Pistazien	30, 39
Pochierte Birne mit Vanillesoße	126
Polenta	
Lammkarree mit Kräuterkruste und Polentaschnitten	167
Prosciutto	
Pfirsich-Prosciutto-Spieße	166
Prosecco	
Pinke Mimosas	125
Zitronen-Prosecco-Sorbet	160

Q

Quark	38, 54
Quinoa	12
Quitten-Cider-Drink	101

R

Radieschen	66, 107, 156
Ratatouilleauflauf	166
Rhabarber	
Granola-Bowl mit Rhabarber-Tonka-Kompott	12
Ricotta	75, 114
Sauerteigbrot mit Ricotta und Pilzen	24
Riesengarnelen	
Pasta mit Gambas	134
Rindfleisch	
Gefüllte Paprika mit Kartoffelwedges	75
Roastbeef mit grünem Kartoffelsalat	156
Risottoreis	
Steinpilz-Risotto	110
Romana-Salat	107
Rosenwasser	54
Rosmarin	75, 84, 90, 113, 119, 120, 153, 166
Rote-Bete-Ravioli mit Zitronen-Ricotta-Mohn-Füllung	114
Rotwein	119, 153
Rucola	134
Rum	
Mousse au Chocolat	159

S

Sahne 18, 27, 39, 42, 45, 54, 57, 69, 78, 94, 126, 135, 138, 159
   Joghurt-Pannacotta mit Erdbeeren 94
   Mini-Biskuit-Törtchen mit Himbeersahne 54
Salbei 81, 119, 167
Salted Caramel Affogato 135
Sandwich mit Erbsencreme und Bacon 66
Sardellenfilet 107
Sauerteigbrot mit Ricotta und Pilzen 24
Saure Gurken 101
Saure Sahne 156
Scamorza 150
Schmand 69, 87, 107, 138, 147
Schnelle Dinkelbrötchen mit Aprikosenkonfitüre oder Lachs 38
Schnittlauch 33, 39, 141
Schokoküchlein mit flüssigem Kern 129
Schokolade
   Bananen-Erdnuss-Oats 30
   Brownie Cookies 63
   Chocolate Chip Pancakes 18
   Mousse au Chocolat 159
   Schokoküchlein mit flüssigem Kern 129
Sellerie 104, 119, 153
Sekt
   Limoncello Spritz 101
Sesam
   Gegrillter Pfirsich mit Joghurt und Sesamcrunch 39
   Hummusteller 100
   Kleine Fladenbrote mit Dattel-Walnuss-Dip 93
Spätzle
   Krautspätzle mit Bergkäse und Feldsalat 78
Spinat
   Grüne Shakshuka 27
   Mini-Quiches mit Spinat und Vanillemöhren 69
   Rote-Bete-Ravioli 114
   Sauerteigbrot mit Ricotta und Pilzen 24
Steinpilz-Risotto 110

Sternanis 57, 126
Süßkartoffel-Pastinaken-Suppe mit Apfel 138

T

Thymian 24, 45, 57, 87, 119, 153, 166
Toast
   Croque Madame 21
   French Toast mit Himbeeren und Kokos 15
Tomaten 33, 39, 75, 84, 134, 144, 166
Tonic Water 135
Tonkabohne
   Granola-Bowl mit Rhabarber-Tonka-Kompott 12
Trauben 101

V

Vanille
   -eis 42, 135
   -paste 12, 15, 54, 63, 129
   -schote 38, 94, 126
Vollkornbaguette 101

W

Walnusskerne 57, 90, 93, 147
Weinsauerkraut 78
Weiße Lasagne mit Artischocken 150
Weißwein 110, 126, 134
Wildpreiselbeeren 78, 147
Worcestersauce 107

Z

Za'atar 100
Ziegenfrischkäse 27, 87, 141
Zimt 30, 39, 42, 45, 57, 120, 126, 138
   Zimtschnecken-Herzen 51
Zitrone 94
   Zitronen-Prosecco-Sorbet 160
Zucchini 72, 84, 150, 166
Zuckerschoten 72
Zwetschgencobbler 42

Über den traditionellen Sonntagskuchen entdeckte ANNALENA BOKMEIER ihre Liebe zum Backen. Von klein auf experimentierte sie gern in der Küche, geprägt von Mamas schwäbischer Kochkunst und dem heimischen Gemüsegarten. Mit ihrem Foodblog „Hey Foodsister" kam das Interesse an der Fotografie. Inzwischen kreiert sie beruflich Rezepte, Fotos und Videos rund ums Kochen und Backen.

Vielen Dank an all die lieben Menschen, die so fleißig am Buch mitgewirkt haben. Sei es als Handmodell oder durch ihre mentale Unterstützung.

5 4 3 2 1   29 28 27 26 25

ISBN 978-3-7567-1049-2
© 2025 Hölker Verlag
in der Coppenrath Verlag GmbH & Co. KG
Hafenweg 30, 48155 Münster, Germany
Alle Rechte vorbehalten. Die Nutzung des Werkes
für das Text- und Data-Mining nach §44 b UrhG
ist dem Verlag ausdrücklich vorbehalten und
daher verboten.

www.hoelker-verlag.de

Wir bedanken uns herzlich bei Rosenthal für die zur Verfügung
gestellten Requisiten.

Rezepte und Fotos: Annalena Bokmeier, www.heyfoodsister.de
Layout und Satz: Stefanie Wawer, www.stefaniewawer.de
Umschlaggestaltung: Tina Defaux
Redaktion: Mareike Bartholomäus, www.hafentexterei.de,
und Nicola-Kim Raschdorf
Lektorat: Julia Voigtländer, www.juliavoigtlaender.de
Herstellung: Dana Günther
Litho: FSM Premedia GmbH & Co. KG, Münster
Designed in Germany, Printed in P.R.C.

Für mehr Rezepte, Inspirationen und Einblicke aus dem Verlag folgen Sie uns auf Instagram:
@hoelkerverlag